Erin Entrada Kelly

Die Nelsons greifen nach den Sternen

Erin Entrada Kelly

Die Nelsons greifen nach den Sternen

Aus dem Englischen
von Beate Schäfer

dtv

Erin Entrada Kelly in der Reihe Hanser:
»Vier Wünsche ans Universum« (dtv 62750)
»Charlotte & Ben« (dtv 64064)

MIX
Papier aus verantwortungsvollen Quellen
FSC® C014496

1. Auflage 2022

Titel der Originalausgabe:
»We Dream of Space«
Published by Greenwillow Books,
an imprint of HarperCollins Publishers.
Published by arrangement with Pippin Properties, Inc.
through Rights People, London.

Umschlaggestaltung: dtv nach einem Entwurf von
HarperCollins Publishers
Umschlagillustration: Celia Krampien, 2020
Gesetzt aus der Bembo MT Pro
Satz: Fotosatz Amann, Memmingen
Druck und Bindung: GGP Media GmbH, Pößneck
Printed in Germany · ISBN 978-3-423-64089-3

»Du musst träumen.
Wir alle müssen Träume haben.«

Christa McAuliffe, Astronautin

Mittwoch, 1. Januar 1986

FITCH
Startklar

Der Flipperautomat hatte Fitchs Vierteldollar nicht geklaut. Jedenfalls nicht richtig. Doch wenn einer der Hebel kaputt ist, macht das Weiterspielen keinen Sinn mehr. Als Fitch das begriff, blitzte etwas in ihm auf. Etwas Hässliches und Vertrautes. Er starrte auf den Schlitz, in den er vor wenigen Momenten die Münze gesteckt hatte.

Immer schön ruhig bleiben, Fitch. Geh einfach zu Mr. Hindley ins Büro und lass dir deinen Vierteldollar zurückgeben. Keine große Sache.

Die blinkenden Lichter des Flippers – das Spiel hieß Bright Star One – schienen heute völlig unpassend. Fitch sah sich in der Spielhalle um. Außer ihm war kaum jemand da.

Vielleicht war es den Leuten noch zu früh.

Ihm war es nie zu früh.

READY FOR TAKEOFF, strahlten die Lichter. Von wegen startklar! Fitch ließ den Automaten stehen und marschierte in Mr. Hindleys Büro.

Wie üblich stand die Tür mit dem eingravierten MANAGER über dem Türrahmen offen. Mr. Hindley war Manager, Besitzer und Personal, alles in einem. Wenn Münzen verschluckt wurden, war er der Mann, mit dem das geklärt werden musste.

Fitch räusperte sich.

Mr. Hindley sah von seinem Kassenbuch auf. »Henry Nelson Thomas, mein liebster Stammkunde! Was kann ich für dich tun?«

Diesen Spruch brachte Mr. Hindley immer, obwohl er genau wusste, dass Fitch von keinem sonst Henry genannt wurde.

Fitch deutete halbherzig auf die Reihe von Flipperautomaten.

»Der eine ist kaputt«, erklärte er.

Mr. Hindley legte beide Hände auf den Tisch und erhob sich, als wäre er Präsident Reagan und bereit, sich den Sowjets entgegenzustellen.

»Das ist unannehmbar, Stammkunde Thomas«, sagte er.

Mr. Hindley war das, was Fitchs Mutter einen »schrägen Vogel« nennen würde. Doch egal, wie seltsam er war, er bewegte sich schnell. Innerhalb von Sekunden stand er vor dem Major-Havoc-Spiel in der Mitte der Spielhalle und schielte auf den Bildschirm.

»Nicht der«, sagte Fitch. Er zeigte auf Bright Star One. »Dieser da.«

Mr. Hindley zog die Augenbrauen hoch. »Aber du bist doch der große Major-Havoc-Mann. Einer, der die Menschheit retten will.«

Ja, das stimmte. Man konnte Fitch jeden Tag in der Spielhalle an der Main Street von Park, Delaware, antreffen und Major Havoc spielen sehen. Offiziell hieß der Laden Pinball Wizard, aber alle nannten ihn nur »die Spielhalle an der Main Street«. Fitchs bester Freund, Vern Repass, fand, Major Havoc wäre ein Möchtegern-Star-Wars, dabei war Major Havoc viel früher herausgekommen. Vern selbst war derart versessen auf Star Wars, dass Fitch eine grundlose Abneigung gegen Luke, Han Solo und die ganze Bande entwickelt hatte. (Außer Darth Vader vielleicht, der war irgendwie cool.) Je mehr Vern auf Major Havoc herumhackte, desto begeisterter war Fitch und desto hitziger verteidigte er das Spiel. Inzwischen arbeitete er so fieberhaft daran, seinen eigenen Highscore zu überbieten, dass ihm Major Havoc manchmal sogar im Traum erschien und ihm Druck machte, er müsste endlich zum Reaktor vordringen, bevor alles in die Luft flog.

Aber heute war der 1. Januar und Fitch hatte beschlossen, am Neujahrstag etwas anderes auszuprobieren. Beim letzten Besuch in der Spielhalle war seine Zwillingsschwester mit dabei gewesen, und die hatte ganz verzückt vor Bright Star One gestanden mit den vielen Raumschiffen und blinkenden Lichtern. Selbst spielen wollte sie nicht – Videospiele und solche Sachen waren überhaupt nicht ihr Ding –, doch sie hatte ihn überreden wollen, dem Spiel eine Chance zu geben. Er hatte sie angeschnauzt, sie solle ihn in Ruhe lassen, und das hinterher bedauert. Daher war er heute Morgen gleich auf den Flipperautomaten zugesteuert, obwohl heute kein Mensch mehr Flipper spielte. Und jetzt hatte er den Salat.

Mr. Hindley ging zu Bright Star One und tätschelte den Automaten liebevoll.

»Was ist denn los damit?«, fragte er.

»Der rechte Flipperhebel ist kaputt«, antwortete Fitch.

Mr. Hindley drückte den Knopf. Als nichts passierte, erklärte er: »Mit nur einem Flipper anständig Pinball zu spielen, das ist unmöglich.«

Was Sie nicht sagen, dachte Fitch.

Mr. Hindley verschwand in seinem Büro und kam Sekunden später mit einem Blatt Papier zurück, auf dem in dicken schwarzen Buchstaben AUSSER BETRIEB stand. Der durchdringende Geruch des Edding-Stifts waberte durch die Luft, als er das Blatt auf Bright Star One klebte.

»Danke für den Hinweis, Stammkunde Thomas«, sagte Mr. Hindley. Er lächelte. Ein breites, angenehmes Lächeln, das fast sein ganzes Gesicht einnahm. »Kann ich dir sonst noch irgendwie weiterhelfen?«

Klar, Sie könnten mir meinen Vierteldollar zurückgeben, dachte Fitch. Aber er sagte es nicht laut. Das Feuer in ihm loderte zu grell.

BIRD
Die Stimmung im Haus

Zehn Sekunden bevor Fitchs Zwillingsschwester, Bernadette Nelson Thomas, die Augen aufschlug, dachte sie: *Wenn eine Fünf auf dem Wecker steht, wird es ein guter Tag.* Als die Leuchtziffern 14.32 Uhr anzeigten – keine Fünf weit und breit –, ging sie davon aus, dass dieser erste Tag des Jahres 1986 wohl zumindest wacklig werden würde. Sie hätte nicht so lange schlafen sollen, aber sie war bis vier Uhr morgens auf gewesen und hatte einen neuen Schreibtisch für ihr Zimmer zusammengebaut. Wäre sie der Bauanleitung gefolgt, hätte sie die Sache in einer halben Stunde erledigen können. Aber die 12-jährige Bernadette, die jeder Bird nannte, gehörte nicht zu den Menschen, die sich um Bauanleitungen kümmern. Sie hatte das Ding weggeworfen, den Tisch perfekt zusammengeschraubt und hinterher eine eigene Bauanleitung zu Papier gebracht. Ihr Stapel mit Schemazeichnungen wurde immer höher, und mit dem neuen Schreibtisch hatte sie endlich einen sicheren Ort für diese Werke.

Sie zwang sich aufzustehen und trat leise in den Flur.

Häuser hatten ihre eigenen Persönlichkeiten, fand Bird, und sie wusste immer gern, in welche Stimmung sie eintauchte.

Sie schlängelte sich zwischen dem Kram hindurch, der im Flur herumstand – Wäschekörbe voller Klamotten, Stapel mit Büchern und Zeitschriften, ein Karton mit altem Spielzeug (darin auch eine Barbie, mit der Bird nie gespielt hatte, und die Kinder-Werkzeugkiste ihrer Brüder, die ihr viel lieber gewesen war) –, und lauschte, während sie den unendlich vielen Turnschuhen auswich, die wie Landminen überall im Haus verstreut waren. Ihre Mutter behauptete immer, sie würde aufräumen, sobald sie Platz für alles gefunden hätte, aber wann sollte das sein? Hier im Haus war es sowieso viel zu eng. Ihre Eltern hatten nicht mal ein richtiges Schlafzimmer; sie mussten sich mit einem kleinen Nebenraum begnügen. Auch der war vollgestopft mit allem möglichen Zeug.

Ihre Eltern redeten miteinander, die Stimmen klangen leise. Ein gutes Zeichen. Bird ging ins Wohnzimmer, wo ihr Vater, Mike, vor dem Fernsehschrank saß und an den Knöpfen des neuen Videorecorders herumfummelte. Ihre Mutter, Tammy, lag mit einem Buch auf dem Sofa und sagte: »... genau das war doch der Punkt, als wir das Ding gekauft haben. Dachte ich zumindest.«

Bird bog ab in die angrenzende Küche. Sie schob die fleckigen Kaffeebecher und verstreuten Postsendungen beiseite, holte eine Schale und einen Löffel heraus und platzierte beides sorgfältig auf der Küchentheke. Dann starrte sie auf die Kellogs-Schachteln im Vorratsschrank. Mittwochs aß sie normalerweise Crunchy-Nut-Flakes, aber vielleicht sollte sie heute mal etwas anderes probieren. Fruit Loops? Nein, die gehörten Fitch, und der würde einen Anfall kriegen, wenn jemand sich an seinen Sachen vergriff. Die Haferkleie-Flocken? Bloß nicht. Es gab eine noch verschlossene Packung Frosties für Cash, der es normalerweise nicht merkte, wenn jemand etwas von seinen Sachen stibitzte. Aber Bird war nicht in der richtigen Stimmung für Frosties.

»Nein, das war nicht der Punkt, Tam«, sagte ihr Vater. »Zumindest nicht der einzige. Du bist hier nicht allein im Haus.«

Crunchy Nut Flakes. Unbedingt.

Bird schüttete ihre Schale zu drei Vierteln voll. Dann goss sie Milch hinein.

»Das ist mir vollkommen bewusst, *Mike*«, gab ihre Mutter zurück. »Was glaubst du wohl, wer euch allen die Wäsche macht, nach einem Arbeitstag von acht Stunden?«

Bird hatte die Stimmung im Haus falsch eingeschätzt. Sie war wieder mal hereingefallen auf die leisen Stimmen ihrer Eltern. Sie hatte Dr. Jekyll erwartet, aber es war Mr. Hyde.

»Guten Morgen!«, sagte Bird mit so viel guter Laune, wie sie aufbringen konnte.

Ihre Mutter sah von ihrem Buch auf. Es hieß *Kalte Glut*. »Lass die Finger von dem süßen Zeug, Bird. Diese Sachen sind für deine Brüder. Du wirst nicht ewig so dünn bleiben.«

Ich wüsste gern, wie oft sie diesen Satz im neuen Jahr noch sagen wird, dachte Bird. Sie überlegte, ob sie mitzählen sollte. Vielleicht könnte sie ja einen Neujahrsvorsatz daraus machen.

Sie stellte die Milch zurück in den Kühlschrank. »Wo sind denn alle?«

»Fitch ist zur Spielhalle gegangen und Cash draußen mit seinen Freunden«, sagte Tammy.

»Ich bin gestern ganz lange aufgeblieben und habe meinen Schreibtisch zusammengebaut«, verkündete Bird und schob sich einen Löffel Crunchy-Flakes in den Mund. »Ich habe eine Weile gebraucht, aber dann habe ich es hingekriegt. Sogar die Schubladen habe ich montiert und mir ein Schema gemacht für –«

»Wahrscheinlich ist mit dem Gerät alles in Ordnung«, sagte ihr Vater, die Augen auf dem Videorecorder. »Du hast es bloß nicht richtig eingestellt.«

Seufzend blätterte ihre Mutter um. »Ich habe es exakt so gemacht, wie es in der Bedienungsanleitung stand.«

»Wenn du es exakt so gemacht hättest, würde es doch funktionieren.«

Bird trug ihre Schale zum Sessel, nahm einen Stapel Zeitungen von der Sitzfläche und ließ sich nieder. Vor ihr auf dem Teppich stand der alte Videorecorder, ganz eingestaubt und mit einem Gewirr von Kabeln.

Einen Videorecorder hatte Bird noch nie zerlegt. Das wäre ein großartiges Vorhaben für den Jahresbeginn. Mit einem simplen Schraubenzieher aus ihrer Werkzeugkiste bekäme sie den Deckel ohne Probleme herunter, und dann könnte sie das Innenleben von oben betrachten und die Eingeweide des Geräts quasi aus der Vogelperspektive studieren.

Die Eingeweide von Maschinen waren super.

»Wenn ihr den alten Videorecorder nicht mehr braucht, kann ich ihn haben?«

Ihre Frage verhallte ungehört.

»Dein Vater hat mir erkärt, dieses fantastische neue Teil würde *Zeit der Sehnsucht* aufnehmen, während ich bei der Arbeit bin«, sagte ihre Mutter. »Aber als ich mich heute hingesetzt habe und meine Sendung anschauen wollte, war die Kassette leer. Das blöde Ding hat einfach nichts aufgezeichnet.«

»Was läuft denn so bei Dr. Evans im Augenblick?«, fragte Bird schnell.

Marlena Evans war die Lieblingsfigur ihrer Mutter in der Serie.

»Tam, welche Ursache ist wohl wahrscheinlicher?«,

sagte ihr Vater, nahm ihre Mutter in den Blick und zählte die beiden Möglichkeiten an den Fingern ab. »Erstens: Unser funkelnagelneuer Videorecorder hat ohne jeden Grund einen technischen Defekt. Oder zweitens: Du hast ihn falsch programmiert?«

Tammy legte ihr Buch in den Schoß, mit den Seiten nach unten. »Ach ja, Michael, genau, ich bin eben viel zu dämlich, um der klar und deutlich formulierten Bedienungsanleitung zu folgen. Diese Maschine ist einfach zu kompliziert für mich, was?«

»Keiner hat gesagt, dass du dämlich bist.«

Bird kaute still vor sich hin und konzentrierte sich auf eine Fussel am Boden.

»Müsste ich aber sein, wenn ich eine simple Anleitung nicht lesen und befolgen könnte.«

»Wir wissen alle bestens Bescheid, wie schlau du bist. Wär ja auch allerhand, wenn eine Frau mit Collegeabschluss nicht wüsste, wie man einen Videorecorder bedient!«

Tammy packte das Buch auf ihrem Schoß und setzte sich auf. »Hat mir nur leider nichts genützt, dieser Abschluss. Jetzt bin ich Sekretärin für einen Haufen von –«

»Du warst doch diejenige, die unbedingt noch mal aufs College wollte. Die Schulden hätten wir uns wirklich sparen können.«

»Also ehrlich, ausgerechnet du sprichst über Schulden, wo du gerade ein Heidengeld für ein Gerät ausgegeben hast, das nicht mal funktioniert …«

Bird schaute in ihre Schüssel und dachte an Ms. Salonga, ihre Naturwissenschaftslehrerin. Vor den Weihnachtsferien hatte Ms. Salonga der Klasse erzählt, den ganzen Januar über würden sie im Unterricht Weltraumforschung machen, um damit den Start des *Challenger*-Space-Shuttles zu feiern. Ms. Salonga hatte ihnen alles Mögliche über das Weltall beigebracht – wobei das bei Bird gar nicht nötig war, denn sie wusste sowieso schon das meiste. Am faszinierendsten fand sie, dass es im Weltall keine Geräusche gab. Nicht so richtig jedenfalls.

Im Weltall herrscht ein Vakuum, sagte Ms. Salonga. *Wenn ein Trümmerstück gegen ein Raumschiff prallt, können die Astronauten im Innern das zwar schon hören, aber draußen ist kein Geräusch wahrzunehmen.*

Während Ms. Salonga erklärte, wie Geräusche Moleküle brauchen, um zu entstehen, ergab sich in Birds Kopf plötzlich ein Bild, wie bei einem Puzzle. Sie stellte sich ihre Brüder und Eltern im Innern eines Raumschiffs vor.

Und sich selbst sah sie draußen im All, schwebend in völliger Stille.

BIRDS BLICK AUF DIE WELT:
VIDEORECORDER

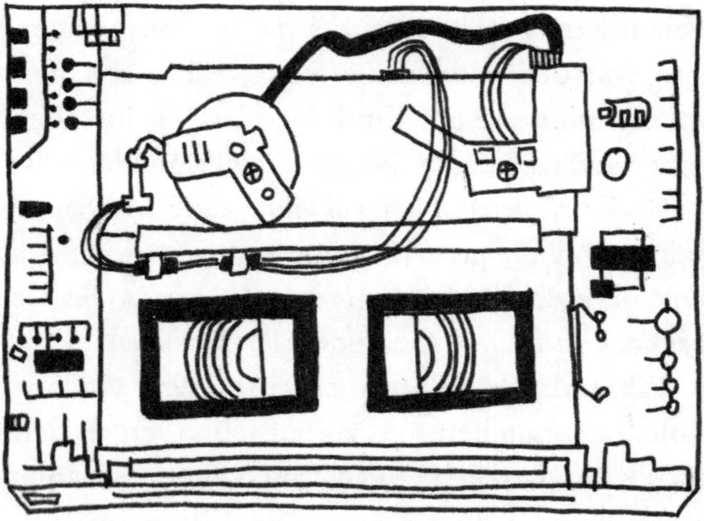

CASH
Basketball-Gott

Das Spiel war ehrlich gesagt ziemlich dumm. Ein paar Typen und eine Ziegelwand, mehr brauchte es nicht. Die Wand war in dem Fall die Ostseite der öffentlichen Bücherei von Park, zwei Blocks entfernt von der Spielhalle auf der Main Street, die Typen waren Cash Nelson Thomas, Justin »Brant« Brantley und Kenny Haskins. Die Regeln waren einfach: Zwei von ihnen rannten auf die Wand zu, sprangen im letzten Moment hoch und berührten den höchsten Ziegelstein, den sie erreichen konnten. Der dritte war Schiedsrichter und bestimmte, wer gewonnen hatte. Der 13-jährige Cash war schnell – wenn ihr Basketball-Trainer sie früher Runden drehen ließ, hatte er Kenny und Brant immer locker in die Tasche gesteckt –, also kam er meistens als Erster zur Wand. Aber das Springen war nicht so sein Ding, darum gewann er fast nie. Wobei das nichts ausmachte. Es gab keinen Preis, es ging nur um die Ehre.

Am 1. Januar waren Brant und Kenny schon vor ihm auf dem Parkplatz. Typisch. Als sie ihn sahen, die Hände tief in die Taschen seiner Sixers-Jacke geschoben, rief Brant sofort: »Kein Wunder, dass du sitzen bleibst, Mann, du kriegst ja den Hintern nicht aus dem Bett.«

»Halt die Klappe«, sagte Cash, als er nah genug war. Wie immer kamen die Worte lässig, aber energisch heraus, und wie immer bekam er einen Knoten im Hals und musste die Scham runterschlucken.

Brant und Kenny nutzten jede Gelegenheit, auf ihm herumzuhacken, weil er die siebte Klasse nicht geschafft hatte, dabei waren sie selbst keine Genies. Bird konnte die zwei locker in die Tasche stecken. Kenny war letztes Jahr selbst nur knapp durchgekommen.

Aber *er* hatte es eben geschafft.

»Hast du gestern Nacht geböllert?«, fragte Brant. Auf seinen blonden Locken saß eine Boston-Celtics-Mütze. Cash widerstand dem Impuls, ihm das Ding vom Kopf zu reißen. *Justin kann ja nichts dafür, dass seine Eltern aus Boston sind,* sagte Cashs Dad immer. Einfach aus Spaß.

»Wir haben einen Haufen Römische Lichter hochgejagt«, sagte Kenny. »Das war krass.«

Kenny hatte rote Haare und eine blasse Haut. In der Grundschule hatte er oft geheult, weil die anderen Kinder ihn Karottenkopf nannten. Inzwischen fanden die Mädchen, dass er gut aussah. Er war groß, hatte mehr Muskeln als die meisten anderen Jungs in ihrem Alter und war der Star des Park-Middle-School-Basketballteams – und Brant stand mit ihm im Rampenlicht. Cash wäre gern auch dabei gewesen, aber das hatte leider nicht ganz geklappt.

»Ja«, sagte Cash. »Wir haben auch ordentlich geknallt.«

In Wirklichkeit hatten sie nur ein paar Wunderkerzen abgebrannt, bevor Fitch wegen irgendwas ausgeflippt und in sein Zimmer gerannt war. Ihr Vater lief ihm hinterher, weil ihre Mutter schon um elf im Sessel eingeschlafen war. Also standen am Ende nur noch Cash und Bird draußen in der Kälte. Und was hatten sie schon zu reden?

Cash und Brant stellten sich in einer festgelegten Entfernung vor der Mauer auf, während Kenny ein Stück näher bei der Wand blieb, um alles im Blick zu haben. Keiner musste groß verkünden, dass jetzt Zeit war für ihr Spiel. Sie waren schon seit der Grundschule beste Freunde und verstanden sich blind.

»Guckst du das Spiel heute Abend?«, fragte Brant.

»Was glaubst du denn?«, gab Cash zurück. »Portland kriegt heute so richtig eins in die Fresse.«

»Die Sixers werden abkrachen, wenn Dr. J sich verabschiedet«, sagte Brant. »Also genieß es, solange es läuft.«

Dr. J.

Julius Erving.

Flügelspieler bei den Philadelphia 76ern.

Basketball-Gott.

Dr. J war das letzte Gesicht, das Cash am Abend vorm Einschlafen sah, und das erste beim Aufwachen. Sein Dad hatte ihm nämlich ein Poster besorgt, und Cash hatte es stolz innen an seiner Zimmertür festgemacht.

»Macht ihr jetzt mal, oder was?«, rief Kenny herüber.

Ohne Antwort zu geben, rannte Cash los. Converse-High-Tops prallten auf kalte Kiesel. An der Mauer sprang er so hoch, wie er konnte, aber es reichte nicht.

Es reichte nie.

FITCH
Major Havoc

In der Spielhalle war es still, und so lief es richtig gut für Fitch. Vern war nicht da und konnte ihn nicht ärgern. Niemand rempelte ihn an, weil er zu Pole Position oder Star Wars wollte. Keiner lungerte in seiner Nähe herum. Es gab nur Major Havoc und ihn. Gemeinsam steuerten sie ihren Catastrofighter durch ein Wurmloch im All, um dann eine Klonarmee in den Kampf gegen die hirnlosen vaxxianischen Roboter zu führen. Fitch war gerade dabei, sein Glück so richtig zu genießen, als Bird durch die Tür stürmte und auf ihn zulief. Sie müssten sofort los. Irgendwas mit Notaufnahme und Cash. Was redete sie da?

»Cash hat sich die Hand verletzt«, erklärte Bird atemlos.

Fitchs Augen blieben auf das Spiel geheftet. »Wie meinst du das?«

»So wie ich's sage. Wir müssen in die Notaufnahme. Komm schon.«

»Stirbt er, oder was?«

»Nein, aber …«

»Warum muss ich dann mit? Mir tut doch nichts weh.«

»Seine Hand ist dick wie ein Basketball.«

»Umso besser«, sagte Fitch. Major Havoc tauchte schon wieder in das nächste Labyrinth, er musste unbedingt zum Nuklearreaktor, bevor der explodierte. Er hatte noch drei Leben. »Das bringt ja vielleicht was bei Zweikämpfen.«

»Jetzt mach schon«, sagte Bird. »Lass dieses blöde Spiel und komm mit.«

»*Du* schreibst als Hobby Gebrauchsanweisungen und nennst das hier blöd?«

Draußen hupte jemand. Wahrscheinlich seine Eltern.

Mist. Warum konnten die ihn nie in Ruhe lassen? Wenn er sich doch bloß auf einen anderen Planeten beamen lassen könnte. Er wünschte sich, er wäre *wirklich* auf einer wichtigen Mission im Weltall, statt sich mit seiner dummen Familie herumzuschlagen. Hirnlose Vaxxianer waren ihm lieber.

»Okay«, sagte Fitch. »Ich bin hier mitten in was

drin, aber egal. Ich hab noch *drei Leben*, aber *okay*.« Er ließ den Controller los und trat mit dem Turnschuh gegen den Spielautomaten. In seiner Brust brannte es wie Feuer. Eine Sekunde später wurde Major Havoc erwischt. Du durftest keinen Moment verpassen, sonst warst du im Handumdrehen ausgelöscht.

Bird war schon an der Tür, als sich Fitch endlich von dem Spiel löste und nach draußen zum Auto ging. Seine Eltern warfen ihm von den Vordersitzen her böse Blicke zu. Fitch und Bird stiegen hinten ein, wo schon Cash saß, die verletzte Hand im Schoß. Bird hatte recht – die Hand war dick angeschwollen. Nicht unbedingt so groß wie ein Basketball, aber dick genug.

»Was ist passiert?«, fragte Fitch.

Der Wagen der Familie, ein Chevy Cavalier, verließ den Spielhallenparkplatz, bog auf die Main Street ab und bewegte sich dann zügig Richtung Krankenhaus.

»Da war Eis und ich bin ausgerutscht«, sagte Cash, den Kopf ans Fenster gelehnt und mit angespanntem Gesicht.

»Vollidiot.«

»He! Nicht in diesem Ton«, warf ihr Vater von vorne ein.

»Immerhin hab *ich* meine Zeit in der *echten* Welt verbracht«, sagte Cash, ohne seinen Bruder anzusehen. »Mit dreidimensionalen Freunden.«

»Wenn du ein dreidimensionales *Hirn* hättest, würdest du nicht zum zweiten Mal durch die Siebte rasseln«, sagte Fitch. »Viel Spaß bei den Hausaufgaben übrigens, das wird mit Gipshand echt schwierig. Aber du weißt ja sowieso nicht, wie Hausaufgabenmachen geht.«

Die Hitze in Fitchs Brust prasselte und sprühte Funken. Er hatte drei Leben vergeudet. Bloß weil sein Bruder ein Vollpfosten war.

»Sei froh, dass meine Hand kaputt ist, sonst würde ich dir eine reinhauen«, sagte Cash und rutschte im Sitz ein Stück tiefer.

Auf einmal redeten alle durcheinander – Fitch blaffte zurück; ihre Mutter schimpfte; ihr Vater sagte schon wieder: »nicht in diesem Ton« –, aber am lautesten von allen war Bird.

»Ich hab eine neue Folge von *Birds Blick auf die Welt* fertig, vielleicht hat irgendwer Lust, mal draufzuschauen, wenn wir wieder zu Hause sind«, sagte sie.

»Kein Mensch will dein Gekritzel sehen«, gab Fitch zurück.

Im Auto wurde es still.

Was für eine Zwölfjährige zeichnete schon rein aus Spaß Schaubilder?

Wenn ich doch bloß adoptiert wäre, dachte Fitch.

BIRD
Eine vertraute Energie

Als sie wieder nach Hause kamen, waren alle erschöpft – alle außer Bird. Einerseits hatte sie bis nachmittags geschlafen, andererseits war sie so begeistert von dem Röntgengerät, mit dem Cashs Handgelenk untersucht worden war. Das Ding steckte voller Geheimnisse. Bird hatte erst gedacht, sie würde es gar nicht zu Gesicht kriegen, aber sie hatte so lange gebettelt, bis ihre Mutter sie mit in den Untersuchungsraum genommen hatte, während Fitch und Dad im Wartezimmer geblieben waren.

Sie hätte dem Röntgentechniker gern eine Million Fragen gestellt, konnte aber nur drei davon anbringen, bevor ihre Mutter sagte, sie solle still sein und den »netten jungen Mann nicht bei der Arbeit stören«, obwohl der nette junge Mann, so schien es Bird, überhaupt nichts dagegen hatte, ihre Fragen zu beantworten. Als Bird wissen wollte, wie Röntgenstrahlen funktionieren, erklärte er ihr geduldig, was es mit elektromagnetischen Wellen und Strahlungsenergie auf sich hatte. Als sie fragte, wie das Innere eines Röntgengeräts aussehe, meinte er, er sei sich nicht ganz sicher, »vielleicht so ähnlich wie ein Fotoapparat, nur eben mit Röntgenstrahlen«. Doch kaum hatte sie gefragt, wie diese Strahlen denn erzeugt würden, hatte ihre Mutter sie unterbrochen.

Auf der Fahrt nach Hause war es still im Auto gewesen. Einmal hatte ihr Vater etwas gesagt – »ich wüsste ja schon gerne, wie die Sixers gespielt haben« –, aber niemand hatte geantwortet. Bird hatte die Stille genutzt, um sich das Röntgengerät in Einzelteile zerlegt vorzustellen. Als sie nach Hause kamen, verschwanden alle in ihren Zimmern, einschließlich Bird, die Ewigkeiten damit zubrachte, in immer neuen Versuchen das Innenleben eines Röntgengeräts zu zeichnen (jedenfalls so, wie sie es sich vorstellte). Als sie auf die Uhr schaute, war es fast zwei Uhr nachts. Gar nicht gut. Morgen war schließlich Schule.

»Tee«, sagte sie laut zu sich selbst.

Kamillentee half, wenn man nicht schlafen konnte. Das wusste sie von Ms. Salonga.

Sie ging leise und trat nur auf den Fußballen auf, um keinen zu wecken, aber mindestens einer war sowieso wach. Unter der Tür von Cash kam ein dünner Streifen Licht hervor.

Bird klopfte vorsichtig an.

Keine Reaktion.

Sie klopfte noch mal, drehte den Türknopf und spähte ins Zimmer. Cash lag auf dem Bett, immer noch angezogen, nicht mal die Turnschuhe hatte er abgestreift. Er starrte die Decke an, die eingegipste Hand auf der Brust.

»Bist du okay?« Bird betrat das Zimmer und schloss die Tür. Cashs Zimmer war aufgeräumt –

genau wie ihr eigenes. Ganz anders als das von Fitch, bei ihm sah es immer wie nach einer Explosion aus – überall schmutzige Kleidung, getragene Socken, halb gelesene Bücher und Atari-Kassetten. Und ganz anders als im Rest des Hauses, wo in allen Ecken Gerümpel stand und sich auf jeder ebenen Fläche Stapel türmten.

»Ja«, sagte Cash.

»Gehst du morgen in die Schule?«

»Weiß nicht. Nein.«

»Ich frag Ms. Salonga nach Arbeitsblättern und Kopien und so«, sagte Bird. »Ich kann dir auch bei den anderen Lehrern die Hausaufgaben besorgen, wenn du willst.«

Cash antwortete nicht.

»Willst du Leute auf dem Gips unterschreiben lassen?«

Keine Antwort. Erst nach einer Weile sagte er: »Ja, glaub schon.«

»Ich hab einen schwarzen Eddingstift, falls du einen brauchst.«

Eine vertraute Energie füllte den Raum, so als gebe es viel zu sagen, aber keine Worte dafür. Die Familie Thomas war wie ein eigenes Sonnensystem. Planeten, die auf ihren Umlaufbahnen kreisten. Nein, keine Planeten. Eher Meteore oder Weltraumschrott. Schwebende Objekte, die manchmal zusammenstießen oder mit Wucht aneinanderkrachten und dann zerbrachen.

Zeit, in meine eigene Umlaufbahn zurückzukehren, dachte Bird.

»Danke, Bird«, sagte Cash, kurz bevor sie das Zimmer verließ.

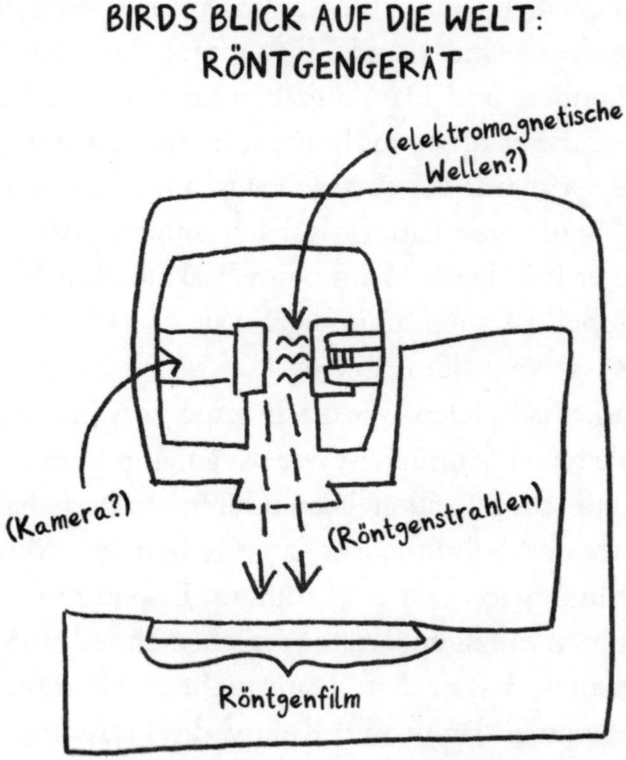

CASH
Ein guter Grund

Was Cash hätte ausdrücken wollen, ging so: *Was bringt das denn alles?*

Wozu ging er überhaupt zur Schule? Er hatte sowieso große Schwierigkeiten, war schon einmal durchgefallen, und jetzt war auch noch seine Hand eingegipst – die Hand, die er brauchte, um mitzuschreiben und Hausaufgaben zu machen, beides Dinge, die er nicht gut konnte. In Sport war er ganz okay, Sport war das einzige Fach, das er nicht hasste (falls Sport überhaupt als Fach zählte). Aber wie sollte er mit dieser Hand beim Basketball dribbeln?

Wobei das auch schon egal war.

Er war kein Julius Erving.

Basketballspielen war das Einzige, was ihm an der Schule gefiel. Zumindest war das anfangs so gewesen. Er hatte sogar seinen Notendurchschnitt gehalten, um in der Schulmannschaft bleiben zu können. Allerdings gab es da ein Problem: Er hatte nie auch nur einen einzigen Treffer erzielt. Schnell war klar geworden, dass er dem Team nicht viel brachte, im Gegensatz zu Brant und Kenny, die Freiwürfe verwandelten, an der Dreierlinie glänzten und in einer Tour perfekte Sprungwürfe hinlegten. In der Mitte der zweiten Saison hatte Coach Farnsworth, ihr Trainer, dann laut ausgesprochen, was alle dachten.

»Du kannst gut rennen, aber nicht werfen«, hatte er gesagt. »Und wenn du nicht werfen kannst …« Er zuckte mit den Achseln.

Der Trainer schmiss ihn nicht aus dem Team. Ausgeschlossen wurde man nur, wenn die Noten zu sehr nachließen. Stattdessen versauerte Cash eben auf der Ersatzbank. Coach Farnsworth ließ ihn nur spielen, wenn sowieso ein klarer Sieg für die Mannschaft absehbar war. Dass Cash nicht mehr auf der Liste der aktiven Spieler stand, verschaffte seiner Basketballkarriere immerhin ein halbwegs glimpfliches Ende, als seine Noten – die schon immer hart am Rand gewesen waren – irgendwann unter die nötige Marke fielen.

Der Trainer hat recht, hatte Brant gesagt, *Cash kann wirklich gut rennen. Der rennt jeden Abend vor den Hausaufgaben weg.* Eine Weile lang war das sein Lieblingswitz gewesen.

Es war also wirklich so: Wozu ging er überhaupt in die Schule?

Na ja. *Einen* Grund gab es allerdings doch.

Penelope Barnard, auch Penny genannt.

In den Stunden von Ms. Salonga saß sie direkt vor ihm. Sie begrüßte ihn jeden Morgen – mit einem kurzen »Hey«, das wie Vogelgezwitscher klang –, setzte sich hin und ließ ihre braunen Haare über die Stuhllehne schwingen. Dabei verbreitete sich jedes Mal explosionsartig der Duft ihres Shampoos, und Cash fragte sich jedes Mal, wonach genau es roch.

Penny Barnard gehörte nicht zu den superbeliebten Mädchen, aber unbeliebt war sie auch nicht. Manchmal fragte sich Cash, ob außer ihm überhaupt jemandem auffiel, was für hübsche Tupfen die Sommersprossen auf ihre Nase malten, wie gut ihre Haare rochen und wie sie alle anlächelte, wenn sie einen Raum betrat.

Und jetzt hatte er einen guten Grund, mit ihr zu reden.

Er malte sich aus, wie das laufen würde.

Er: Hey, willst du auf meinem Gips unterschreiben?
Sie: Klar. Hast du einen Stift?
Er: Hab ich. Hier.
Sie: Was soll ich schreiben?
Er: Schreib einfach deinen Namen, wenn du willst.
Sie: Wie hast du dir die Hand überhaupt gebrochen?
Er: Ich hab ein bisschen mit meinen Kumpels rumgealbert und bin auf dem Eis ausgerutscht.
Sie (leicht beunruhigt): Hat das nicht sehr weh getan?
Er: Nein. Ich musste halt in die Notaufnahme und so.
Sie: Das ist ja furchtbar!
Er: Am schlimmsten ist, dass ich im Unterricht nicht mehr mitschreiben kann.
Sie: Ich schreib dir meine Notizen ab.

Und so weiter.

Vielleicht würde er morgen mit ihr reden.

Vielleicht würde er aber auch bis Montag warten. Bis zum Anfang einer frischen neuen Woche.

Vielleicht wäre der Gips am Ende doch noch zu etwas gut.

Donnerstag, 2. Januar 1986

BIRD
Familien sind komplizierte Maschinen

Damit eine Maschine läuft wie vorgesehen, müssen alle Einzelteile funktionieren. Und was war eine Familie schon anderes als eine komplizierte Maschine? Eine lose Schraube, ein schlecht geöltes Zahnrad, und alles spielte verrückt, wurde laut und unkalkulierbar. Bird hielt sich für das zuverlässigste Zahnrad im Familiengetriebe und war stolz darauf, also gab sie sich fröhlich, als sie am nächsten Morgen die Küche betrat – so fröhlich jedenfalls, wie sie es um diese Uhrzeit hinbekam –, zugleich war sie aber auf alles gefasst.

Fitch saß an der Kücheninsel und aß kalte Pop-Tarts, während ihre Eltern eilig Sachen für ihr Büromittagessen zusammensuchten.

»Gestern Abend war es spät. Das schadet doch

nichts, wenn er heute mal nicht in die Schule geht«, sagte ihr Vater.

»Aber seine Noten …«, gab ihre Mutter zurück, während sie eine Dose Abnehmpulver in die Tasche stopfte.

»Ich hab Cash schon gesagt, dass ich die Hausaufgaben bei seinen Lehrern abholen kann«, bot Bird an. Sie stellte ihren Rucksack auf den leeren Platz neben Fitch und schenkte sich Orangensaft ein, während ihr Vater an ihr vorbei nach einem Apfel griff.

»Ihr habt aber nicht die gleichen Lehrer«, wandte ihre Mutter ein.

»Bei Ms. Salonga sind wir beide«, sagte Bird.

»Fitch ist auch bei Ms. Salonga«, antwortete ihre Mutter. Sie schnipste mit den Fingern in Fitchs Richtung. »Fitch, hast du nicht ziemlich viel Unterricht zusammen mit deinem Bruder?«

»Wir haben überhaupt keine gemeinsamen Stunden.«

»Aber in ein paar Fächern seid ihr doch bei den gleichen Lehrern, richtig? Nicht nur bei Ms. Salonga.«

»Ja«, sagte Fitch mit vollem Mund. Krümel fielen auf seine neue Windjacke. Er wischte sie gedankenlos weg. »Vier oder so.«

»Kannst *du* dann die Aufgaben für Cash besorgen?«, fragte seine Mutter, während sie eine Dose Diät-Cola zu ihrem Abnehmpulver steckte. Tammy

Nelson Thomas hielt Bird oft Vorträge darüber, wie unwichtig gutes Aussehen sei, aber sie beschäftigte sich selbst ziemlich viel damit – besonders mit ihrem Gewicht, das im Lauf der Jahre nach oben geklettert war, und dem Gewicht von Bird, das nirgendwohin kletterte, aber anscheinend jeden Augenblick in die Höhe schießen konnte.

»Ich kann das schon tun, das macht mir nichts aus«, warf Bird ein, bevor Fitch sich beschweren konnte. Von allen Zahnrädern im Familiengetriebe quietschte er am schlimmsten.

»Das ist nicht sinnvoll. Schließlich hat Fitch sowieso vier gleiche Lehrer«, verkündete ihre Mutter. »Außerdem musst du lernen, dass du dich nicht um alle zu kümmern brauchst, bloß weil du eine Frau bist.«

Ihr Vater warf in gespielter Verzweiflung den Kopf in den Nacken.

»Bird ist doch noch keine *Frau*, Tam«, sagte er. »Und setz ihr nicht solche Flöhe ins Hirn.«

Mrs. Thomas hörte auf, ihr Essen einzupacken, und stemmte die Hände in die Hüften. »Was für Flöhe denn?«

Die Zahnräder quietschten leise, nur ein bisschen.

»Dieses ganze Gleichberechtigungszeug«, antwortete er. »Demnächst verbrennt sie noch ihren BH hinten im Garten.«

»Ich hab nicht mal einen BH«, warf Bird ein, in

einem angestrengten Versuch, das Thema zu wechseln.

Fitch zog die Jackenärmel über die Hände und hielt sich die Ohren zu. »Können wir *bitte* aufhören, über den BH von meiner Schwester zu reden?«

Bird preschte voran. »In Gesundheitserziehung haben wir gelernt, dass Mädchen sich in ganz unterschiedlichem Tempo entwickeln. Es kann noch ziemlich lange dauern, bis ich einen Busen kriege oder meine Tage bekomme.«

Fitch stöhnte. »Aufhören. Aufhören.«

Mrs. Thomas nahm die Hände von den Hüften, griff über die Kücheninsel und kniff ihn in den Arm.

»Wenn du mir versprichst, Cashs Aufgaben zu besorgen, reden wir nicht mehr über BHs«, sagte sie.

»Ich besorg alles, was du willst«, antwortete Fitch. »Wenn's sein muss, überfall ich eine Bank.«

»Die Aufgaben reichen schon!«, sagte ihre Mutter lächelnd.

Die Zahnräder beruhigten sich.

Fehlfunktion abgewendet.

SCHEMA DER FAMILIE
NELSON THOMAS

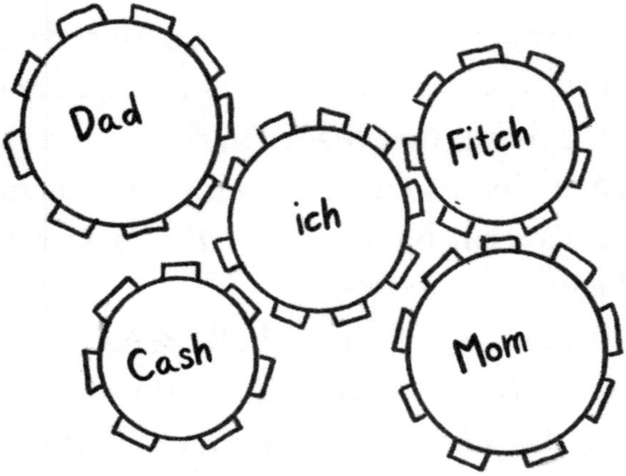

FITCH
Amanda Piper

Alles hatte mit Darth Vaders TIE-Fighter angefangen. Wenn er dieses blöde Raumschiff nie in sein blödes Heft gezeichnet hätte, wäre nichts passiert. Aber am letzten Tag vor den Weihnachtsferien hatte Fitch, während Ms. Salonga lang und breit irgendwas vom Teacher-in-Space-Programm der NASA erzählt hatte, seinen Stift genommen und die sechseckigen Solarflügel und Laserkanonen gezeichnet. Sogar die

Flügelklammern hatte er mit seinem Kugelschreiber skizziert.

Da hatte er es gehört. Das Kompliment, das die Erdachse verschob.

»Das ist echt cool.«

Amanda Piper. Sie saß am Tisch neben ihm. Ein dichter Schopf von braun gelockten Haaren um ein breites, rundliches Gesicht. Ziemlich viele Pickel. Ziemlich viele Sommersprossen. Sie war größer und breiter als die meisten Mädchen in der Klasse. Über dem Bund ihrer Jeans hing eine Speckrolle. Ihre Hände waren dicker als seine.

Ein paar Jungs in der Schule, darunter auch Vern, hatten sich fiese Spitznamen für sie ausgedacht. Und jetzt redete sie mit ihm, ausgerechnet mit ihm.

Fitch nuschelte »danke« und dachte, damit wäre die Sache erledigt. Aber als er sich am ersten Tag nach den Ferien auf seinen Platz setzte, bemerkte er etwas Sonderbares, und leider fiel das nicht nur ihm auf.

Vern, der hinter ihm saß, tippte ihm auf die Schulter und zischte: »Chewbacca starrt dich an.«

Das wusste Fitch schon. Sie schaute ihn an, als ob sie auf etwas warten würde. Aber worauf? Er hatte keine Ahnung. Vielleicht so was wie Blickkontakt, damit sie ihn ansprechen konnte.

Er richtete seinen Blick stur nach vorne.

»Hey …«, sagte sie. Ganz leise. »Henry?«

Würg. Außer den Aushilfslehrern nannte ihn in der Schule niemand Henry. Wirklich niemand.

Augen nach vorne. Jeden Blickkontakt vermeiden.

Ms. Salonga schloss die Tür genau in dem Moment, als Rachel Hill hereinrauschte – sie kam immer als Letzte, lächelte immer, roch immer nach Bubblegum und ließ ihren seitlichen Pferdeschwanz immer über ihre zarte Schulter fallen.

Warum konnte ihn nicht *Rachel Hill* mit so einem Laserblick anstarren? Warum musste es Amanda sein?

Noch ein Flüstern, lauter diesmal. »Hey, Henry?«

Er hatte keine Wahl. Er musste sie ansehen. Als er es tat, lächelte sie und streckte die Hand über den Gang, um ihm etwas zu geben.

Oh mein Gott. Schrieb sie ihm etwa Zettelchen?

Nein, es war ein Aufkleber, so groß wie seine Handfläche. Darth Vader, der mit beiden Händen sein Lichtschwert umklammerte. Das Schwert hob sich in tiefem, leuchtendem Rot von Vaders dunklem Umhang ab. Es war ein ziemlich cooler Sticker, aber den hohen Preis, den es ihn kosten würde, war er nicht wert. Schon jetzt hatte Fitch das Gefühl, Vern hinter sich lachen zu hören.

»Für dein Heft«, sagte Amanda.

Der Aufkleber hätte auch ein Feuerball sein können. Er ließ ihn auf den Tisch fallen, während die widersprüchlichsten Gefühle in ihm tobten. Verlegenheit, Angst, Gekränktheit und, ja, Schuld. Er fühlte sich schuldig, denn es war eine nette Geste –

genau genommen die erste, die ein Mädchen ihm entgegenbrachte –, und trotzdem war er voller Abwehr.

»Danke«, murmelte er.

Er schob den Aufkleber zwischen die Heftseiten und konzentrierte sich auf Ms. Salonga, die ein Datum an die Tafel schrieb: *23. Januar 1986.* Darunter schrieb sie in ihrer verschnörkelten Handschrift: *Start des Challenger-Space-Shuttles.*

Dann tippte sie mit der Kreide auf die Tafel.

»Ich hoffe, ihr seid bereit abzuheben«, sagte sie.

BIRD
Kein schöner Gedanke

Manchmal wünschte sich Bird, Ms. Salonga wäre ihre Mutter. Das war kein schöner Gedanke, aber so war es eben.

Es war ja eigentlich nichts weiter *verkehrt* mit Tammy Nelson Thomas, die darauf bestanden hatte, allen ihren Kindern den eigenen Mädchennamen als Zweitnamen mitzugeben, die dauernd über ihre Arbeit schimpfte und unentwegt »ihr Gewicht im Auge« behielt, aber sie war nun mal ein quietschendes Zahnrad, und Ms. Salonga war so … ausgeglichen. Ruhig. Verlässlich. Ms. Salonga war gut organisiert, sie sprach oft über »durchdachte Pläne« und deren Bedeutung für die Wissenschaft. Sie hatte sich sogar für das Teacher-in-Space-Projekt beworben. Diese Geschichte erzählte Ms. Salonga immer wieder gern.

Sie ging so: Ms. Salonga und ihre Familie aßen jeden Abend gemeinsam. Es gab eine Regel, dass während des Abendessens niemand streiten durfte, und alle mussten einander zuhören. Trotz dieser Regeln (die Bird wunderbar fremd und geheimnisvoll erschienen) hatte Ms. Salonga nicht unbedingt mit Begeisterung gerechnet, als sie verkündete, sie wolle die erste Lehrerin im Weltall werden. Sie hatte sich vorgestellt, wie ihr Mann und die Kinder wohl reagieren würden: *Der Weltraum! Dabei fährst du doch nicht mal gern Riesenrad!* Oder: *Du als Astronautin? Das ist nicht dein Ernst.* Aber sie hatte ihre Familie unterschätzt. Sie stellten ihr tausend Fragen, und Ms. Salonga beantwortete alle, während Kartoffelbrei und Hühnchen herumgereicht wurden. In der Woche darauf bekam sie eine Karte von ihrer Familie. Auf der Vorderseite stand »Viel Glück!«, und innen hatten sie geschrieben: »Für die erste Lehrerin im Weltall und unsere liebste Astronautin!«

An dem Punkt der Geschichte machte Ms. Salonga immer eine Pause und sagte: »Leute stecken eben voller Überraschungen.«

Normalerweise mochte Bird keine Überraschungen. Aber eine Überraschung wie diese hätte sie auch gut gefunden.

Ms. Salonga hatte die Karte auf ihrem Pult aufgestellt, und da blieb sie auch, obwohl alle wussten, dass ihre Bewerbung nicht angenommen worden war und sie *nicht* die erste Lehrerin im Weltall sein würde. Präsident Reagan hatte stattdessen Christa McAuliffe ausgewählt.

Doch das dämpfte Ms. Salongas Begeisterung für die Raumfahrt kein bisschen.

Heute eröffnete sie wie versprochen den Weltall-Monat. Als Teil dieses Projekts würde die Klasse in drei verschiedene Raumschiff-Besatzungen aufgeteilt, und jeder Schüler und jede Schülerin bekäme einen Job wie auf der *Challenger* zugeteilt.

»Pro Besatzung gibt es sieben mögliche Aufgabengebiete«, erklärte Ms. Salonga. »Jede Crew hat einen Piloten, einen Shuttle-Kommandanten, drei Missionsspezialisten und zwei Nutzlastspezialisten.« Sie nahm eine kleine Papiertüte und schüttelte sie. »Alle Jobs sind hier drin. Greift rein und nehmt euch jeweils *einen* Zettel, aber ohne hinzuschauen.«

Als Ms. Salonga in ihre Tischreihe kam, zitterten Birds Beine unter dem Tisch. Sie schloss die Augen und wiederholte innerlich immer wieder das eine Wort: *Shuttle-Kommandant, Shuttle-Kommandant, Shuttle-Kommandant.* Wenn sie es dreimal hintereinander sagte, würde ihr Wunsch vielleicht wahr werden.

Devonte Harris, der vor ihr saß, griff in die Tüte und wühlte darin herum, mit vorgereckter Zungenspitze. Bird versuchte über seine Schulter hinweg zu entziffern, was auf seinem Zettelchen stand, doch Ms. Salonga bewegte sich schnell weiter und verstellte Bird die Sicht.

»Du bist dran, Bird«, sagte sie lächelnd.

Bird überkreuzte die Finger ihrer rechten Hand und griff mit der linken in die Tüte. Ihre Fingerspitzen berührten die Zettel. Alle fühlten sich gleich an. Schließlich zog sie einen heraus.

Missionsspezialist/Missionsspezialistin

Bird runzelte die Stirn. Sie hoffte, Ms. Solanga würde sich dann so unwohl fühlen, dass sie Bird eine zweite Chance gab, doch sie ging einfach weiter zu Danielle Logan.

Bird wollte keine Missionsspezialistin sein, sondern Shuttle-Kommandantin. Der Kommandant war die Person, die an Bord das Sagen hatte, und stellte sicher, dass alle Maschinen ordnungsgemäß liefen.

Devonte drehte sich herum.

»Was hast du gekriegt?«, fragte er.

»Missionsspezialistin.«

»Ich hab Pilot, falls du tauschen willst. Ich weiß, das ist nicht Shuttle-Kommandant, aber …«

Bird wollte schon annehmen und ihm ihren Zettel geben, doch das erschien ihr unfair. Pilot wäre ihre zweite Wahl gewesen, aber wenn sie tauschte, wäre es nicht so zufällig, wie Ms. Salonga sich das gedacht hatte, und Regeln waren die Grundlage durchdachter Pläne. Normalerweise jedenfalls.

»Schon in Ordnung«, sagte Bird. »Aber danke.«

Nachdem alle ihre Jobs hatten, blubberte das Klassenzimmer vor Aufregung. Ms. Salonga bat die Kommandanten und Kommandantinnen aufzustehen. Bird versuchte, nicht neidisch zu sein, besonders als Danielle Logan aufstand, schaffte es aber nicht.

Die anderen Astronauten und Astronautinnen wurden den räumlich nächsten Kommandanten zugeteilt, also landeten Bird und Devonte in Danielles Shuttle, zusammen mit den Missionsspezialisten Christopher-nicht-Chris Wheeler und Marcus Sturgess, dazu kamen Jessica Brantley und Jessica Diaz als Nutzlastspezialistinnen. Die beiden waren mit Rachel Hill befreundet, dem beliebtesten Mädchen der Schule. Wenn sie alleine war, wurde Jessica Brantley von allen »JB« genannt. Wenn die beiden dagegen zusammen auftraten, was fast immer der Fall war, galten sie als »die Jessicas«. JBs älterer Bruder Brant war im Basketball-Team und einer von Cashs besten Freunden. (Bird hielt Brant für einen Idioten, aber das behielt sie für sich.)

Im Lauf des Januars, erklärte ihnen Ms. Salonga, würden die Crews auf verschiedene Missionen geschickt. Bei der Problemlösung müssten sie eng zusammenarbeiten.

»Eure beiden ersten Aufgaben sind zu entscheiden, warum ihr ins Weltall wollt und wie euer Shuttle heißen soll«, sagte sie.

Tische wurden zusammengerückt und scharrten über den Klassenzimmerboden, während die Shuttle-Besatzungen zusammenfanden.

Danielle, die von allen »Dani« genannt wurde, begrüßte ihre Crew mit einem breiten Lächeln.

»Habt ihr irgendwelche Ideen für den Namen von unserem Raumschiff?«, fragte sie.

Bird mochte Dani Logan. Dani war nett und hatte immer genug Stifte dabei, um Leuten welche zu leihen. Aber im Augenblick hatte Bird ein paar nicht so schöne Gedanken über Danis Rolle als Shuttle-Kommandantin.

»Von unserem *Shuttle*«, korrigierte Bird.

»Von unserem Shuttle«, wiederholte Dani.

»Wie wär's mit … *Madonna*?«, schlug Jessica Diaz mit leuchtenden Augen vor. Die andere Jessica nickte begeistert.

»Kommt nicht infrage«, sagte Devonte.

Jessica Brantley schoss in die Höhe und schwang ihre blonden Haare über die Schulter. »Ich hab's, ich hab's! *Lucky Star*!«

»Das ist doch ein Madonna-Song, oder?«, fragte Christopher-nicht-Chris. Seine Haare hingen ihm in die Augen. Ein paar Strähnen blieben an seinen Wimpern hängen und bewegten sich, immer wenn er blinzelte. Christopher-nicht-Chris trug fast jeden Tag ein anderes Band-T-Shirt. Heute war es Van Halen.

»Ja«, sagte Jessica. »Und?«

»Ich mach nicht mit bei einem Raumschiff, das nach Madonna benannt ist«, gab er zurück.

Marcus, der im Unterricht kaum den Mund aufbekam und mindestens einmal pro Woche zu fehlen schien, hob nachlässig den Finger. »Ich auch nicht«, sagte er.

Die Jessicas schnaubten und verdrehten die Augen.

»Dani soll entscheiden«, sagte Jessica Brantley. »Sie ist die Shuttle-Kommandantin.«

Alle drehten sich zu Dani.

Dani drehte sich zu Bird.

»Hast du irgendwelche Vorschläge, Bird?«, fragte sie.

Natürlich hatte sie das.

»Wie wäre es mit *Bright Star One*?« Als niemand etwas sagte, fügte sie hinzu: »So heißt einer von den Flipperautomaten in der Spielhalle auf der Main Street.«

»*Bright Star One*«, wiederholte Dani, wie um den Namen auszuprobieren.

»Finde ich gut«, sagte Devonte.

»Ich auch«, sagten die Jessicas.

Christopher-nicht-Chris und Marcus zuckten mit den Achseln. Anscheinend war es ihnen egal, solange das Shuttle nur nicht nach Madonna benannt wurde.

Die Mission von *Bright Star One* war rasch festgelegt: Sie wollten den Halleyschen Kometen erforschen, genau wie die Astronauten der *Challenger*.

Als es läutete, riss Dani beide Arme in einer Siegesgeste hoch und rief, so laut sie konnte: »Auf in den Weltraum, *Bright Star One*.« Alle lachten – nicht über sie, sondern *mit* ihr –, denn genau wie Bird wussten auch die anderen, dass alles nur Spaß war. Keiner von ihnen würde wirklich ins Weltall fliegen so wie die *Challenger*-Crew, egal, wie sehr sie sich das wünschten.

FITCH
Der Flipperkönig

Es hatte eine Zeit gegeben, in der die Mitglieder der Familie Nelson Thomas noch um die gleiche Sonne gekreist waren, aber das war lange her. Irgendwann waren sie auseinandergedriftet, niemand hätte sagen können, wann oder wie. Eines war jedenfalls sicher: Die Nelson-Thomas-Geschwister gingen nach der Schule in jedem Fall getrennte Wege.

Cash machte meistens etwas mit seinen Freunden.

Bird ging nach Hause.

Und Fitch schlenderte mit Vern zur Spielhalle. Sie hatten sich angewöhnt, unterwegs die Gehsteige nach heruntergefallenen Münzen abzusuchen, aber heute stieß Vern Fitch gleich nach dem Loslaufen gegen die Schulter und sagte: »Chewbacca ist in dich verknallt!«

Die Sache mit dem Aufkleber war in der ersten Stunde passiert und schien Ewigkeiten her, also hatte Fitch gehofft, sein bester Freund hätte es doch nicht gemerkt.

Fehlanzeige.

»Chewbacca *liiiiebt* dich!«, sagte Vern. Er spitzte die Lippen und machte schmatzende Kussgeräusche.

In Fitchs Brust loderte das Feuer auf. »Halt's Maul«, sagte er.

Immerhin war er nicht in der gleichen dämlichen »Shuttle-Crew« gelandet wie Amanda. Das wäre wirklich ein Albtraum gewesen.

Sie näherten sich der Tankstelle und rannten in der Hoffnung auf Vierteldollarmünzen zur Telefonzelle, doch die Münzausgabe war leer.

Fitch hatte nur fünfzig Cent dabei, die er behalten hatte, statt sich mittags etwas zum Essen zu holen, und spürte schon jetzt, dass es heute beim Spielen nicht gut laufen würde.

Und so war es dann auch.

Die Spielhalle war voller Leute. Major Havoc war besetzt. Das Gleiche galt für alle Star Wars-Spiele,

Pole Position, Karate Champ und Centipede. Überall wuselten Kinder herum, kleine Kinder, die kreischend und brüllend durch die Gegend rannten, und es liefen so viele Spiele gleichzeitig, dass alle Geräusche zu einer einzigen chaotischen Melodie verschmolzen. Irgendein kleiner Trottel mit Brille spielte Pop-A-Shot, dieses Basketball-Spiel, und traf keinen einzigen Korb. Eine Gruppe von älteren Jungs johlte jedes Mal, wenn der Trottel wieder neu zielte, was es nur noch schlimmer machte. So viele verschwendete Vierteldollars, dachte Fitch.

Mr. Hindley schlängelte sich durch die Menge und strahlte übers ganze Gesicht. Als er Fitch erblickte, kam er zu ihm und sagte: »Ist das nicht großartig, so viel Betrieb!«

»Für mich nicht«, antwortete Fitch und hob das Kinn Richtung Major Havoc. »Mein Spiel ist besetzt.«

Mr. Hindley stupste ihn an. »Du könntest dir die Zeit doch an einem von meinen Flippern vertreiben. Der Laden hier heißt nicht umsonst Pinball Wizard. Hier werden die Flipperkönige von morgen geboren.«

»Ihr Flipper hat mir gestern einen Vierteldollar gestohlen.«

Mr. Hindley nickte bedauernd. »Den muss ich reparieren lassen. Ich hasse es, wenn Automaten außer Betrieb sind.« Er wühlte in seinen Taschen und gab Fitch einen Vierteldollar. »Jetzt sind wir quitt. Leg los, wenn du ein freies Spiel findest.«

Er schlug Fitch auf den Rücken. Als er wegging,

rief ihm Vern hinterher: »Wenn Sie hier Vierteldollars austeilen, Mr. Hindley, nehm ich auch einen! Donkey Kong hat vor zwei Wochen meine fünfzig Cent verschluckt.«

Fitch fuhr mit den Fingern am Rand der Münze entlang, als wäre sie ein Klumpen Gold.

Mr. Hindley setzte seinen Weg fort.

»Das mein ich ernst, Mr. Hindley«, legte Vern nach. »Der blöde Affe ist ein Dieb.«

Mr. Hindley wedelte mit der Hand, ohne sich auch nur umzudrehen.

Vern zuckte mit den Achseln. »War einen Versuch wert.«

Einer der Gründe, warum Fitch Major Havoc so liebte, war das Gefühl, dieses Spiel wäre *seines*. Die meisten anderen Kids fanden es zu kompliziert, zu schwer zu durchschauen, und die Story war ihnen egal. Stattdessen steuerten sie direkt auf beliebtere Spiele zu und überließen Major Havoc seinem Schicksal. Der Major war also meistens bereit und wartete schon auf Fitch. Keiner sonst am Controller. Aber jetzt, während er und Vern nur ein paar Meter weit weg standen und sich umschauten, beobachtete Fitch einen ziemlich großen Typen mit Keds an den Füßen, wie der *sein* Spiel spielte, es vergeigte und noch eine Münze einwarf.

»Komm, wir lehnen uns«, sagte Vern, was hieß, er wollte rüber zur Wand bei den Flipperautomaten, um dort abzuhängen und lässig zu tun.

Fitch schob seine Münze tief in die Tasche.

Seit Fitch letztes Jahr in die Mittelschule gekommen war, hatte er das Gefühl, es ginge die ganze Zeit darum, so lässig wie möglich zu sein. Nichts in der Welt sollte wichtig sein. Am besten war einem alles egal, auch wenn für die meisten im Grunde genommen alles unglaublich wichtig war.

Er und Vern gingen also zum Lehnen hinüber zur Wand.

»Also, mal im Ernst, Kumpel. Was willst du wegen Chewbacca tun?«, sagte Vern.

»Hör auf, sie so zu nennen.«

»Warum?« Durchtriebenes Grinsen. »Bist du verknallt, oder was?«

»Nein.« Und das war er nicht – kein bisschen. Trotzdem störte ihn etwas an der Art, wie Vern »Chewbacca« sagte. Als wäre das eher ein Witz gegen ihn als gegen Amanda. Oder vielleicht gegen sie beide. Wer konnte das schon sagen? Jedenfalls traf der Witz auch ihn.

»Dann kann's dir doch egal sein, oder?« Vern machte eine kurze Pause. »Also, was willst du tun?«

»Wie meinst du das? Gar nichts tu ich.«

Vern guckte, als wollte er etwas entgegnen, aber da kamen Justin Brantley und Kenny Haskins auf sie zu.

»Hey, was ist denn mit deinem Bruder?«, fragte Brant und nickte Fitch zu. »Ich hab ihn seit seinem olympiareifen Ausrutscher gar nicht mehr gesehen.«

»Er ist heute daheimgeblieben, wegen dem Gips.«

»Dieser Idiot!« Brant lachte. »Ihr hättet sehen müssen, wie der sich langgelegt hat. Mann! Muss ziemlich wehgetan haben.« Er schaute von Fitch zu Vern und wieder zurück. »Worüber redet ihr zwei denn?«

Fitch und Vern machten gleichzeitig den Mund auf.

Fitch sagte: »Nichts.«

Vern sagte: »Chewbacca ist in Fitch verliebt.«

»Chewbacca?« Kenny hob eine Augenbraue.

»Ja«, antwortete Vern. »Amanda Piper.«

Fitchs Blick wanderte hinüber zu Major Havoc. Wann würde dieser lange Kerl endlich verschwinden, damit *er* spielen könnte? Er stellte sich vor, hinzugehen und ihn wegzustoßen. Er stellte sich vor, wie der Typ über seine Keds stolperte, während Fitch den Controller nahm.

»Amanda Piper, Amanda Piper …«, sagte Brant. »Warte mal. Ist das die aus der Siebten, mit diesen buschigen braunen Haaren und dem riesigen Kopf?«

Vern lachte und lachte, als ob das das Witzigste wäre, was je ein Mensch gesagt hätte. Das tat er oft, wenn Brant und Kenny dabei waren, denn die gehörten zu den richtig coolen Jungs. Keiner sonst war so lässig wie Brant und Kenny.

»Ja, genau«, sagte Vern. »Die ist verliebt in Fitch. So wahnsinnig verliebt, dass sie ihn mit seinem richtigen Namen anredet. Stimmt's, *Henry*?« Er stieß Fitch in die Rippen.

In dem Moment loderte das Feuer hell auf und brandete in die Höhe, und mit einer einzigen schnellen Bewegung, die niemand hatte kommen sehen, packte Fitch Vern am Handgelenk – fest, ganz fest – und stieß ihn einen Schritt zurück.

»Fass mich nie mehr an, klar?«, sagte Fitch.

Sein Blick war so hitzig und seine Stimme so wütend, dass Vern zusammenzuckte und einfach nickte. Als Fitch ihn losließ, rieb sich Vern das Handgelenk wie jemand, dem gerade die Handschellen abgenommen worden sind.

»Verdammt, Mann«, sagte Vern. »Reg dich ab.«

Genau, Fitch. Reg dich ab. Reg dich ab.

Fitch wollte sich entschuldigen, vor allem weil Cashs Freunde ihn anschauten, als wäre er nicht ganz dicht, aber die Worte kamen nicht aus seinem Mund. Stattdessen stand er nur da, bis Major Havoc endlich frei war, und ging dann ohne ein Wort einfach weg.

CASH
Eingefroren

Es wäre schön gewesen, wenn irgendwer mit ihm zu Hause geblieben wäre, schließlich war es Cashs erster Tag mit dem Gips. Sein Handgelenk tat immer noch weh, und mit manchen Alltagssachen kam er nicht gut zurecht, aufs Klo gehen oder eine Tüte Chips aufreißen zum Beispiel, aber es war eben, wie es war. Wenn Cash nicht gerade schlief, starrte er auf den Fernseher (er schaute nicht wirklich zu, weil fast nur Rateshows und dämliche Serien liefen), las im Sportteil vom *Philadelphia Inquirer* und stopfte Junkfood in sich rein. Am frühen Nachmittag rief seine Mutter an, um sich zu vergewissern, dass er noch am Leben war, und ihm zu sagen, dass sie erst später heimkäme. Sie musste überraschend zu einem Nachmittagsmeeting, und das wäre ja mal wieder typisch, dass ausgerechnet an dem Tag irgendwer ein Nachmittagsmeeting ansetzte, an dem sie früher zu Hause sein musste.

Bird war als Erste zurück. Als sie hereinkam, lag er lang ausgestreckt auf dem Sofa und schaute *He-Man – im Tal der Macht* an. Dafür war er natürlich zu alt, aber egal.

»Wie geht's deinem Arm?«, fragte sie. Sie stellte ihren Rucksack auf einen Hocker an der Kücheninsel und öffnete den Kühlschrank. »Willst du was trinken?«

»Nö«, sagte Cash. Er hatte keine Lust zu reden, er wollte einfach nur faul sein, so faul, wie ein Mensch überhaupt nur faul sein kann. Erst als sich Bird zu ihm setzte, bewegte er sich. Und auch dann nicht viel – er rutschte nur mit den Füßen beiseite.

Sie nahm einen großen Schluck Diät-Cola und fuhr sich mit dem Handrücken über die Mundwinkel. »Ich hab deine Aufgaben nicht, weil Mom gesagt hat, Fitch soll sie besorgen, weil ihr mehr gleiche Lehrer habt.«

»Okay«, sagte Cash. Er hatte Birds Angebot sowieso schon vergessen.

»Bei Ms. Salonga war es super. Sie hat uns in Flugteams eingeteilt, so wie bei der *Challenger.*«

Cashs Blick klebte am Fernseher und er hörte nur halb zu. Der Vater in dieser Spielzeugwerbung hatte einen Schnurrbart. Cash fragte sich, ob in seinem Gesicht überhaupt jemals Haare wachsen würden. Er hätte gern seine Oberlippe berührt, um zu prüfen, ob irgendwas zum Vorschein gekommen war, während er auf dem Sofa lag, aber er versuchte ja immer noch, sich nicht zu bewegen.

»Wie bei was?«

»Bei der *Challenger.* Du weißt schon. Das Space Shuttle?«

»Ach ja. Weltall-Monat.«

»Genau. Ich wäre ja gern Shuttle-Kommandantin geworden, aber das ist jetzt Dani Logan und ich bin Missionsspezialistin. Wir haben unser Shuttle *Bright Star One* genannt, nach diesem Flipperspiel. Unsere Mission ist, den Halleyschen Kometen zu erforschen, genau wie es die echten Astronauten tun.«

Eine Weile lang war es still, bis Cash irgendwann sagte: »Cool.«

»Ich hab den Namen vorgeschlagen. Er hat gleich allen gefallen.«

»Ah.«

»Zuerst war ich neidisch auf Dani, aber ich glaube, sie wird eine richtig gute Shuttle-Kommandantin.«

»Ja.«

Bird nippte an ihrer Cola. »Brauchst du irgendwas für deinen Arm?«

»Nö.«

Bird starrte in den Fernseher.

Dort lief jetzt *Die starken Katzen aus dem All*, was bedeutete, dass es halb fünf sein musste. *Du bist zu alt für diese Sendung,* erinnerte Cash sich selbst.

»Wo ist Fitch?«, fragte er.

Blöde Frage.

»In der Spielhalle.«

Tammy und Mike Thomas erwarteten von ihren drei Kindern, dass sie zu Hause waren, wenn die Eltern nach der Arbeit zur Tür hereinkamen. Meistens waren sie das auch. Tammy und Mike Thomas erwarteten außerdem, dass bis dahin alle Hausaufgaben erledigt wären. Meistens waren sie das nicht. Aber die beiden überprüften nie wirklich, ob ihre Kinder sich an die Regeln hielten. Sie fragten nur, ob alle fertig wären mit ihren Aufgaben, was Cash und Fitch immer mit Ja beantworteten, obwohl das gar nicht stimmte, während Bird je nachdem Ja oder Nein sagte, aber das war egal, denn alle wussten, dass Bird ihre Sachen auf jeden Fall fertig machen würde.

Fitch kam nach Hause, als *Die starken Katzen aus dem All* zu Ende waren. Er rief seinen Geschwistern ein standardmäßiges »Hey« zu und verschwand in sein Zimmer.

Eine halbe Stunde später kam ihr Vater herein. Von ihm kam kein standardmäßiges »Hey«. Stattdessen fragte er: »Wo ist eure Mutter?«

Bird war in ihr Zimmer gegangen, also lag Cash wieder allein auf dem Sofa, immer noch in der gleichen Position. Die Nachrichten liefen und er hasste Nachrichten, hatte aber beschlossen, dass Mumion, der Dämonenpriester aus der Welt der *starken Katzen*, ihn für immer eingefroren hatte.

»Sie hat angerufen, dass sie später kommt«, sagte Cash.

Sein Vater seufzte. »Wie viel später?«

»Weiß nicht. Ein Meeting oder so.«

»Typisch«, murmelte sein Vater.

Cash konnte ihn nicht sehen, aber er wusste, dass sein Vater mitten in der Küche stand, die Hände in die Hüften gestemmt. Das war das Komische mit Familien. Manchmal wusstest du genau, was deine Leute taten, auch wenn du sie gar nicht sehen konntest.

BIRD

Sprachregeln

Das Problem war das Abendessen.

Als ihre Mutter um zwanzig vor sieben nach Hause kam, hatte noch niemand etwas gegessen. Normalerweise kochte sie das Essen, deshalb hatte Birds Vater gesagt, sie würden auf sie warten.

Das war ein Fehler.

Bird wusste, dass das ein Fehler war. Sie konnte einen Streit schon kommen sehen, wenn er noch meilenweit weg war. Trotzdem war daran nichts zu ändern. Bird wusste nicht, wie man kocht, also konnte sie nicht einfach selbst eine Mahlzeit für alle zubereiten. Stattdessen tat sie das Zweitbeste: Sie aß ein Truthahn-Sandwich. Auf die Art müsste sich ihre Mutter wenigstens um sie keine Sorgen mehr machen. Den anderen sagte sie, sie sollten doch auch Sandwiches essen, aber die wollten lieber auf etwas Gutes warten.

Also ging Bird wieder in ihr Zimmer und wartete auch.

Aber nicht auf etwas Gutes.

Für Kinder gab es andere Sprachregeln als für Erwachsene. Das hatte Bird schon früh gelernt.

Zum Beispiel: Bird und ihre Brüder durften nicht fluchen und keine Schimpfwörter verwenden. Schon gar nicht in Gegenwart ihrer Eltern. Nicht mal die allerharmlosesten Flüche waren erlaubt, »verflixt noch mal« oder etwas in der Richtung, obwohl das ja wirklich nicht schlimm war. Wenn sie etwas »Ungehobeltes« sagten, wie ihre Mutter sich ausdrückte, rief ihr Vater sofort: »Nicht in diesem Ton!«, um sie zu erinnern, dass sie wieder mal schlimme Wörter benutzten.

Für Mr. und Mrs. Thomas galt diese Regel allerdings nicht. Sie durften alle Flüche und Kraftausdrücke verwenden, sogar im Doppelpack. Mr. Thomas nannte seine Frau zum Beispiel manchmal »du h************* M*********«, oder sie sagte »du dreckiger S*********« zu ihm. Wenn sie miteinander stritten, kam wirklich jedes hässliche Wort zum Einsatz.

Jetzt hörte Bird ihnen zu, das Ohr an die Tür gepresst. Das wollte sie eigentlich nicht, aber sie konnte nicht anders. Wobei es für das Ohr an der Tür keinen echten Grund gab. Die beiden schrien so laut, dass Bird sogar draußen von der Einfahrt her noch alles gehört hätte. Aber immerhin gab ihr das etwas zu tun.

Tammy nannte Mike »einen hirnlosen Neandertaler«.

Mike sagte, Tammy sei »eine Nervensäge, die einen Tritt in den A**** verdient«.

Mike sagte, alles sei ihre Schuld. Sie sei schließlich diejenige, die sich weigerte, »dieses v********

Haus aufzuräumen«, und sie müsse ja unbedingt arbeiten gehen, »um sich vorzukommen wie Gloria Steinman, diese S*******«, worauf Tammy antwortete: »Gloria *Steinem*, du ignoranter D*********, und schon dass du von mir erwartest, dass ich dein Abendessen mache, obwohl ich länger und härter arbeite als du, ist absolut *widerlich.*«

»Natürlich erwarte ich ein Abendessen!«, schrie Mike. »Du machst in diesem Haus sowieso fast nichts! In den letzten fünfzehn Jahren hast du *immer* Abendessen gemacht.«

»Genau das ist das Problem!«

»Wenn du kein Abendessen machen wolltest, hättest du ja bloß sagen müssen: ›Mike, ich bin zu müde zum Kochen.‹« (Dabei äffte Mike auf nicht sehr schmeichelhafte Art Tammys Stimme nach.) »Aber du musst ja ausgerechnet vor den Kindern in die Luft gehen, du z******* B****!«

»Aha, ich bin also eine schlechte Mutter, oder was?«

Wenn sie sich lange genug zankten, kam unweigerlich der Punkt, an dem sie sich gegenseitig vorwarfen, als Eltern versagt zu haben. Dann wurden die Streitereien – oder »Meinungsverschiedenheiten«, wie ihre Eltern das nannten – richtig schlimm. Wobei sie einander nie schlugen. Stattdessen ließen sie ihre Wut an Gegenständen aus. Er pfefferte zum Beispiel ihr Buch durchs Zimmer, oder sie trat so lange gegen den Küchenstuhl, bis er kaputt war.

Bird hatte partout keine Lust auf zerbrochene Stühle oder herumgeschleuderte Bücher.

Cash und Fitch waren schon gleich am Anfang, als der Streit noch leise vor sich hin köchelte, in ihren Zimmern verschwunden, was Bird ihnen nicht vorwerfen konnte. Sie hätte das auch so gemacht, wenn sie nicht ohnehin schon in ihrem Zimmer gewesen wäre. Sobald die Kinder außer Sichtweite waren, hatten sich Mr. und Mrs. Thomas in ihre ganz eigene, Funken sprühende Maschine verwandelt, an der man sich verbrannte.

Jemand musste einen Schraubenzieher reinstecken und das Ding stoppen.

Bird atmete tief durch und drehte den Türknopf.

Aber ihr kam jemand zuvor.

Fitch. Seine Tür flog mit solcher Wucht auf, dass sie gegen ihre knallte.

»WARUM HABT IHR A********** ÜBERHAUPT GEHEIRATET?«, brüllte er.

Birds Herz setzte aus.

Die Kühlschranktür wurde aufgerissen und wieder zugeworfen. Gläser klirrten. Fitch verschwand in sein Zimmer. RUMMS! Eine Sekunde später stellte er das Radio an, ziemlich laut. Drehte es lauter. Und noch lauter. *Walking on the Moon* von Police.

Bird ließ sich auf den Boden sinken, immer noch an der Tür.

Sie fragte sich, was ihre Eltern jetzt wohl taten. Sie hörte die Stimmen nicht mehr.

Da war nur noch die Musik und das, wovon der Song erzählte. Wenn Bird das doch auch bloß tun könnte – auf dem Mond herumlaufen, in fast völliger Stille.

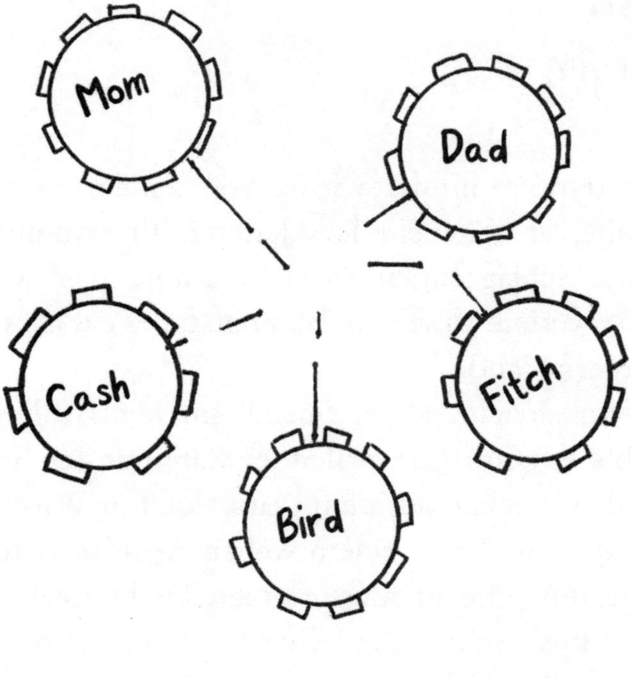

Sonntag, 5. Januar 1986

CASH
Morgen

Cash träumte immer wieder von seinem Arm. Er träumte, er wäre ein Felskletterer. Er träumte, er könnte Schlagzeug spielen. Er träumte, er würde Körbe werfen. In seinen Träumen tat er das alles nur mit einer Hand.

Sonntagnacht, als es überall im Haus still war, glaubte er beim Aufwachen, er wäre mit den Sixers und den Rockets auf dem Platz, doch in Wirklichkeit lag er bloß mit einem wehen Arm im Bett. Es juckte ihn, und er musste einen Drahtbügel nehmen, um sich unter dem Gips kratzen zu können.

Er wollte nichts mehr tun außer herumliegen. Das ganze Wochenende über hatte er das Haus nicht verlassen. Am Freitag hatte er sogar verpasst, wieder in die Schule zu gehen, und Fitch hatte nicht an alle

Aufgaben gedacht, die er für Cash besorgen sollte. Aber das war egal. Er war sowieso schon wieder zu weit hintendran, bestimmt würde er noch ein zweites Mal durchfallen. Als er sich vorstellte, eine Klasse unter seinen jüngeren Geschwistern zu sein, bekam er einen Knoten im Bauch, der immer mehr drückte, bis Cash sich gar nicht mehr bewegen wollte.

Morgen musste er wieder in die Schule. Daran führte kein Weg vorbei.

Dr. J auf dem Poster an der Tür war in Wurfpose. Am Samstagabend hatten die Sixers gegen Houston mit fünfzehn Punkten verloren. Das war eine Enttäuschung, aber mal gewinnt man, mal verliert man, wie Cashs Dad gerne sagte. Wobei er den Spruch immer nur beim Verlieren machte.

Cash hatte sich den Montag genau zurechtgelegt.

Wie nannte Ms. Salonga das?

Durchdachte Pläne.

Ja, genau, das war es.

Er hatte *durchdachte Pläne*.

Sie kreisten alle um Penny.

Und gingen so:

1. Lass Leute auf deinem Gips unterschreiben.
2. Hol dir nur *gute* Unterschriften. Brant und Kenny waren bombig. Und sein Schließfach war in der Nähe von Rachel Hills, also würde er sie auch fragen. Er wollte eine Mischung aus Mädchen und Jungen.

3. Sobald du die Unterschriften hast, setz dich ganz lässig auf deinen Platz bei Ms. Salonga und warte auf Penny.
4. Guck bloß nicht zu gierig. Tu einfach, als wäre es ein ganz normaler Montag. Mit ein bisschen Glück entdeckt Penny den Gips gleich und fragt, was passiert ist. In diesem Fall:
5. Halt Penny den Stift hin und bitte sie, auch zu unterschreiben. Und wenn sie das tut (und sieht, was für tolle Namen da stehen), wirst du –
6. Mit ihr reden. Ein richtig echtes Gespräch führen.

Der Plan war gut.

»Morgen, Dr. J«, sagte Cash zu dem Poster an seiner Tür. »Du hast mein Wort.«

Montag, 6. Januar 1986

FITCH

Hey, Henry

Als Fitch vier Jahre alt war, bekam er bei Toys »R« Us einen Wutanfall. Bird blinzelte hoch zu ihrer Mutter und sagte: »Mama, Mama, der fitscht wieder aus!« Darüber mussten alle lachen, auch er selbst. Von da an hieß er Fitch, genauso wie Bernadette Bird hieß, weil er ihren Namen nicht hatte aussprechen können, als sie noch klein waren. Er und Bird waren Zwillinge, und sie hatten sich gegenseitig ihre Namen gegeben, was auch immer das zu sagen hatte.

Aber Amanda nannte ihn weiter Henry.

Als er am Montagmorgen ins Klassenzimmer von Ms. Salonga kam: »Hey, Henry.«

Als Ms. Salonga ihnen sagte, sie sollten ihre Bücher auf Seite einundzwanzig aufschlagen: »Welche Seite noch mal, Henry?«

Als es läutete: »Was hast du am Wochenende gemacht, Henry?«

»Niemand nennt mich so«, sagte Fitch mit bebendem Kiefer, während sie ihre Bücher zusammensuchten. Er hatte alle ihre Fragen so höflich wie möglich beantwortet, aber wenn sie ihn noch ein einziges Mal Henry nannte, konnte er für nichts mehr garantieren.

»Weiß ich doch«, sagte Amanda. Sie lächelte. »Aber ich nenn dich eben gerne Henry.«

Vern, der gerade seinen Ordner in den Rucksack bugsierte, unterdrückte ein Lachen. Dann machte er den Mund auf und fragte: »Hast *du* denn irgendwelche Spitznamen, Amanda?«

Amanda zog die Augenbrauen hoch. »Ich? Na ja. Mein Dad nennt mich manchmal Mandy.«

Vern klatschte Fitch auf den Arm. »Mandy und Henry«, sagte er. »Das reimt sich ja fast.«

CASH

Der perfekte Platz für Penny

Bis es Zeit wurde für den Unterricht bei Ms. Salonga in der dritten Stunde, hatte Cash die Unterschriften von fast allen, die zur sozialen Elite der Schule gehörten. An die hundertmal hatte er die immer gleiche Frage beantwortet – *Was ist passiert? Was ist passiert?* –, und manchmal, wenn er den Arm verdrehte, damit jemand an einer bestimmten Stelle unterschreiben konnte, tat ihm die Hand weh, aber das war es wert. Jetzt standen jede Menge Unterschriften darauf, und trotzdem gab es noch einen perfekten Platz für Penny. Er hätte es nicht besser hinkriegen können.

Wie aufs Stichwort kam sie herein. Er suchte Blickkontakt, aber nicht zu auffällig. Er lächelte, aber nicht zu breit. Er kratzte sich genau in dem Moment, als sie zu ihm herübersah, an der Nasenspitze, damit sie seinen Gips gut sehen konnte.

Sie schnappte nach Luft, während sie ihren Rucksack abstreifte. »Was ist passiert?«

Cash zuckte mit den Achseln. Immer schön lässig. »Bin hingefallen und hab mir das Handgelenk gebrochen.«

»Hat das wehgetan?«

»Nein.« Das war eine glatte Lüge – ab und zu tat es immer noch weh –, aber das konnte er ja wohl kaum zugeben, oder?

Penny holte ihre Bücher heraus. Er wartete, dass sein Plan vorankäme, aber die Sekunden verstrichen, ohne dass etwas passierte. Bald fing der Unterricht an. Er musste etwas tun, bevor sie nur noch auf Ms. Salonga achtete.

»Willst du unterschreiben?«, fragte er hastig. Er

hielt ihr seinen Stift hin, ließ ihn fallen und hob ihn wieder auf. »Auf meinem Gips, meine ich.«

»Oh. Na klar!« Penny lächelte. Die Sommersprossen auf ihrer Nase kräuselten sich.

Cashs Magen schlug Saltos.

Als sie den Stift nahm, berührten sich ihre Finger.

Seine Haut kribbelte.

Er rutschte ein Stück vor, damit sie besser an den Gips kam, und sie beugte sich zum Schreiben über die Stuhllehne nach hinten. Der Geruch von wasserfestem Edding erfüllte die Luft.

»Am schlimmsten ist, dass ich nicht mitschreiben kann«, erklärte er.

Penny sah nicht auf. »Hattest du letztes Jahr nicht auch schon Ms. Salonga? Vielleicht kannst du deine alten Notizen nehmen.«

Cash räusperte sich. Sein Hals wurde heiß.

»Oh«, sagte er. »Nein, da war ich bei Mr. Duncan.«

»War bloß so ein Gedanke.« Sie steckte die Kappe wieder auf den Stift und sagte: »Voilà!«

Cash senkte den Blick. Er sah ihre Unterschrift sofort, genau dort, wo er sie hatte haben wollen. Schnörkelig. Ein kleines i mit einem Herzchen als Punkt. Aus seiner Sicht stand die Schrift auf dem Kopf, aber da stand, unverkennbar:

Penny <3 Charlie

Cash kannte sich mit romantischen Abkürzungen nicht gut aus, aber was das hier bedeutete, war klar: *Penny liebt Charlie.*

Penny liebt Charlie, hier auf seinem Arm.

»Charlie wer?«, fragte Cash, in der Hoffnung, dass seine Stimme nicht zu enttäuscht oder – noch schlimmer – eifersüchtig klang.

»Charlie Gowan«, erklärte sie sachlich. »Er ist in der Achten. Kennst du ihn?«

Charlie Gowan. Charlie Gowan. Charlie Gowan. Ein Gesicht kam ihm in den Sinn. Braune Haare. Spitzenschüler. Sie hatten nie zusammen Unterricht gehabt, natürlich nicht. Charlie Gowan war ein richtig schlauer Kerl, und er … na ja, er war eben Cash Nelson Thomas, der Typ, der die Siebte nicht geschafft hatte.

»Ja«, sagte Cash. »Glaub schon.«

Es läutete zum zweiten Mal. Penny drehte sich nach vorne. Der Duft ihres Shampoos stieg Cash in die Nase.

Er lehnte sich zurück.

Vielleicht kannst du deine alten Notizen nehmen.

Sie wusste, dass er sitzen geblieben war. Natürlich wusste sie das. Welcher andere Schüler an der Park Middle School war schon im gleichen Jahrgang wie seine jüngeren Geschwister?

Und jetzt war sie auch noch in Charlie Gowan verliebt. Hätte *Charlie* denn extra einen Platz auf seinem Gips für sie reserviert?

Cash wandte den Blick von Pennys Haaren ab. Er würde sie nicht mehr anschauen. Wenn sie mit so einem Musterknaben rumziehen wollte, dann bitte. Wen kümmerte das? Er hatte heute Morgen mit Rachel Hill herumgealbert, dem beliebtesten Mädchen der ganzen Schule. Diese Penny und ihren blöden Streberfreund brauchte er wirklich nicht.

Wenn sie schlaue Jungs mochte, war das ihre Sache.

Schule war sowieso doof. Ms. Salonga hatte sie in irgendwelche Fantasiemannschaften eingeteilt, die so tun sollten, als wären sie auf einer Weltraummission. Wozu sollte das gut sein? Keiner von ihnen würde *wirklich* ins All fliegen. Welchen Sinn hatte das also?

Er hielt den Arm dicht an den Körper gedrückt, als Ms. Salonga *Halleyscher Komet* an die Tafel schrieb.

Im Ernst.

Welchen Sinn hatte überhaupt irgendwas?

BIRD
Optische Täuschung

Sterne bewegten sich immer, erklärte Ms. Salonga. Sternbilder waren daher so etwas wie eine optische

Täuschung. Dem Anschein nach blieben sie immer gleich, doch in Wirklichkeit bewegte sich jeder einzelne Stern rasend schnell. Manche jagten aufeinander zu. Andere schossen in gegensätzliche Richtungen.

»Wir können das nur deshalb nicht erkennen, weil sie so weit weg sind«, sagte Ms. Salonga. »Aber in fünfzigtausend Jahren wird der Große Wagen vollkommen anders aussehen als heute.«

Es gab noch mehr Illusionen, erklärte sie. Ein Teil des Lichts am Nachthimmel existierte in Wirklichkeit gar nicht.

»Licht braucht viel Zeit, um große Distanzen zurückzulegen«, sagte sie. »Bis es hier bei uns ankommt, ist seine Quelle vielleicht gar nicht mehr da. Und wenn wir schon über Entfernungen reden …«

Sie wischte die Fachbegriffe weg, die sie zu Beginn der Stunde an die Tafel geschrieben hatte, und ersetzte sie mit *Halleyscher Komet*. Dann ließ sie die Kreide von einer Hand in die andere springen, was sie – Bird hatte das genau beobachtet – oft tat, wenn ein Thema sie besonders begeisterte. Das war ansteckend. Bird stellte fest, dass sie selbst mit dem Radiergummiende des Bleistifts auf ihr Heft tippte.

Ms. Salonga ließ den Blick durchs Klassenzimmer streifen.

»Wie ihr wisst, ist eine wesentliche Aufgabe der *Challenger*-Expedition, den Halleyschen Kometen zu erforschen.« Sie machte eine Pause. »Devonte, kannst du uns sagen, woraus Kometen bestehen?«

Als Devonte nicht gleich antwortete, flüsterte Bird »Eis«, so schnell sie konnte und ohne die Lippen zu bewegen. Wie eine Bauchrednerin.

»Eis!«, sagte Devonte. »Und« – er hob bedeutungsvoll den Zeigefinger – »Staubpartikel.«

Ms. Salonga nickte stolz. »Sehr gut, Mr. Harris.«

Als Ms. Salonga zu ihrem Tisch ging, um einen Stapel Arbeitsblätter zu holen, drehte sich Devonte zu Bird um und reckte den Daumen.

»Ich möchte, dass ihr alle die Namen eurer Astronauten auf der *Challenger* lernt«, sagte Ms. Salonga und hielt die Kopien jetzt in der Armbeuge. »Die Namen *und* den Aufgabenbereich von allen an Bord. Und ich möchte wissen, was genau jeder und jede von euch tut, damit eure Mission zu einem Erfolg wird. Nutzt den Rest der Stunde, um das mit eurer Crew zu besprechen.«

Sofort standen alle von ihren Tischen auf und bewegten sich unter großem Scharren und Geplapper zu ihren jeweiligen Astronautenkollegen, während Ms. Salonga die Arbeitsblätter austeilte.

Sobald Bird mit dem Rest der *Bright Star One* zusammensaß, vertiefte sie sich in die Kopie. Die Überschrift lautete: *Die Challenger-Crew*. Es gab ein Schwarz-Weiß-Foto von jedem Astronauten. Alle lächelten, alle trugen die gleichen Raumanzüge und hielten ihre Helme unterm Arm. Unter den Astronauten waren nur zwei Frauen – die Lehrerin, Christa McAuliffe, die als Nutzlastspezialistin aufgeführt war, und Judith Resnik, eine der beiden Missionsspezialisten.

Bird betrachtete Judith Resnik, Missionsspezialistin. Sie hatte lockige braune Haare, braune Augen, Sommersprossen und Grübchen. Genau wie Bird. Diese Ähnlichkeiten hatte sie vorher nie bedacht. Der Unterschied zwischen Judith Resniks Gesicht und ihrem eigenen verschwamm immer mehr, bis Bird sich selbst dort sitzen sah, im Overall und mit dem Helm unter dem Arm.

Sie war vollkommen abgetaucht in dieses Bild, als Devonte sie zurück in die Wirklichkeit schnipste. Wortwörtlich.

Schnips, schnips. »Erde an Bird«, sagte er.

Die ganze Mannschaft der *Bright Star One* starrte sie an.

»Du warst total weg«, sagte Devonte.

»Tut mir leid.« Bird rutschte auf ihrem Stuhl herum. »Ich war in Gedanken bei Judith Resnik.«

»Wer ist Judith Resnik?«, fragte Christopher.

»Eine von den Missionsspezialisten«, antwortete Bird.

»Was ist mit ihr?«, fragte Devonte.

»Ich habe darüber nachgedacht, wie ähnlich wir uns sehen«, sagte Bird. Sie hielt die Kopie hoch. Die Astronauten auf dem Papier lächelten strahlend.

Die anderen betrachteten das Foto.

»Stimmt irgendwie«, sagte Jessica Diaz. »Aber sie ist hübsch.«

Der Satz kam ganz nebenbei. *Aber sie ist hübsch.* Bird lauschte ihm hinterher. *Aber sie ist hübsch.* Dieses eine Wort – *aber.* Was sollte das heißen?

»Nicht dass du *nicht* hübsch wärst, Bird, so hab ich das nicht gemeint«, schob Jessica schnell nach. »Nur … na ja.« Sie schaute die anderen in der Runde an. »Hübschsein ist irgendwie nicht dein Ding.« Dann zuckte sie mit den Achseln, als wäre das Thema damit erledigt.

Nicht ihr Ding?

»Dein Ding ist Schlausein«, ergänzte Jessica.

Eine seltsame Anspannung schwebte um sie wie eine Wolke und waberte immer weiter, bis Ms. Salonga wieder etwas zu erklären begann.

»Hier könnt ihr sehen, wo die Astronauten sitzen werden, wenn das Shuttle startet«, sagte Ms. Salonga und malte Kreise auf die Tafel. »Scobee und Smith haben Platz eins und zwei auf dem Flugdeck, Onizuka und Resnik sitzen hinter ihnen. Die restlichen Plätze sind auf dem Mitteldeck. Da sitzen McAuliffe, McNair und Jarvis. Jeder in diesem Klassenzimmer sollte diese Namen kennen.« Sie zog die Augenbrauen hoch, wie um zu sagen: *Ist das klar?* Zaghaftes Nicken von allen im Klassenzimmer. »Für die Landung wird die Sitzanordnung leicht verändert. Aber im Moment möchte ich, dass ihr eure Tische nach diesem Sitzplan ausrichtet und alle Richtung Tafel schaut.«

Bird stand schnell auf. Jessicas Worte waren immer

noch da, sie schwirrten und summten weiter, auch wenn niemand außer ihr sie noch hören konnte.

»Ich bin Nutzlastspezialistin«, flüsterte JB. Bird war nicht klar, ob Jessica mit ihr sprach oder mit jemand anderem. »Wo müssen die Nutzlastspezialisten hin?«

Bird wusste das natürlich. Die Nutzlastspezialisten saßen auf dem Mitteldeck. Aber sie wollte nicht antworten. Im Augenblick war sie sich nicht sicher, ob sie es gut fand, dass Schlausein angeblich ihr Ding war.

Sobald alle auf ihren Plätzen waren, ging Ms. Salonga durch die Reihen und schaute, ob sie sich auch richtig hingesetzt hatten. Die Klasse in ihrer ungewohnten gestaffelten Anordnung blieb still.

»Und jetzt«, sagte Ms. Salonga und lief durch die Reihen zurück nach vorne, »möchte ich, dass ihr die Augen schließt.«

Bird tat es.

Erst einmal geschah nichts weiter.

»Das meine ich ernst, Marcus – schließ die Augen«, sagte Ms. Salonga.

Ein paar Leute kicherten. Bird nicht.

»Okay«, fuhr Mrs. Salonga fort. »Ich möchte, dass ihr euch vorstellt, ihr seid nicht an eurem Tisch in der Schule. Ihr seid auch nicht in Delaware. Ihr liegt fest angeschnallt in eurem Sitz auf dem Rücken und schaut Richtung Himmel. Ihr tragt eure Helme. Was hört ihr?«

Jemand machte ein unanständiges Geräusch. Wieder Gekicher.

Bird hatte die Augen fest geschlossen, daher bekam sie nicht mit, ob Ms. Salonga irgendwie reagierte. Jedenfalls sagte sie nichts dazu. Stattdessen sprach sie weiter: »Denkt darüber nach. Was hört ihr?«

Durch ihre inexistenten Kopfhörer hörte Bird ein Knistern. Die Einsatzleitung, und dazu Ms. Salongas Stimme. Vielleicht arbeitete sie in Houston, genau wie die vielen Männer in ihren gebügelten Hemden und Krawatten, nur dass sie ihre Lehrerinnenkleidung trug – den langen Rock und die Bluse, die dunklen Haare mit einer Haarklemme zurückgebunden. Jetzt lehnt sie sich über eine Schalttafel und sagt: »Houston an *Challenger*. Hören Sie mich, Missionsspezialistin Thomas?«

Ja, sagte Bird. *Copy.*

»Als Erstes müsst ihr sämtliche Flugvorbereitungs-Checks durchlaufen«, erklärte Ms. Salonga. »Wenn das abgeschlossen ist – *Augen zu*, Jessica Diaz –, wartet ihr, bis die Techniker die letzten Vorbereitungen an der Rakete getroffen haben. Euer Herzschlag dröhnt in euren Ohren. Es gibt da eine Frage, die euch die ganze Zeit durch den Sinn geht – hör auf, Christopher, ich seh genau, was du machst –, nämlich: Wie wird es da oben aussehen? Wie wird es sich *anfühlen*?«

Flugvorbereitungs-Check abgeschlossen.

Raketen startklar.

Bird klammerte sich mit den Händen am Stuhl fest.

Sie wusste, wie es sein würde. Von dort oben sähe die Erde aus wie eine leuchtende blaue Kugel, die für sie allein die Dunkelheit erhellte.

Sie wusste auch, wie es sich anfühlen würde. Im Sommer war sie mit ihren Brüdern manchmal im Schwimmbad. Dann tauchte sie unter Wasser und blieb so lange unten, wie sie es aushielt. Das war dann, als schwebte sie im All – sie stand nicht mehr mit beiden Füßen auf der Erde, bewegte sich aber auch nicht durch die Luft. Genau so würde sich der Weltraum anfühlen.

In den Kopfhörern knackte es.

»Alle Systeme bereit«, sagte Ms. Salonga. »Die Triebwerke arbeiten mit voller Kraft.«

Der Boden unter Bird grollte, als würde ein gewaltiges Tier wach werden. *Triebwerke auf Touren.* Das Shuttle stampfte und bebte, während Ventile sich öffneten und schlossen. Das Grollen übertrug sich vom Boden über den Stuhl bis auf Birds Oberschenkel. Die Welt bebte, taumelte, rüttelte – so sehr, dass Bird es in jedem Knochen ihres Körpers spürte.

»Während das Shuttle aufzusteigen beginnt, verstärkt sich der Druck der Schwerkraft auf euch«, erklärte Ms. Salonga. »Das nennt man G-Kraft. Diese G-Kraft entsteht durch einen gewaltigen Sprung nach vorne. Plötzlich seid ihr in der Luft.«

Ja, sie war in der Luft. Losgelöst von allem. Nichts fesselte sie mehr an diese Erde.

»Ihr hört, wie sich die Raketen vom Raumschiff trennen.«

Ja, Bird hörte es. Weg mit euch, weg. Sie brauchte jetzt nichts als das Shuttle.

»Und dann seid ihr im Weltall – einfach so. Der ganze Druck, den ihr eben noch gespürt habt, als ihr das Gefühl hattet, euer Gesicht würde in den Sitz wegschmelzen, ist verschwunden. Jetzt hält euch nichts mehr fest außer eurem Gurtzeug. Alles schwebt, ihr auch.«

Die Erde wird klein wie ein Stecknadelknopf oder ein Sandkorn. Die Erde ist rund und blau und schön und so weit weg. Hier draußen ist niemand hübsch. Alle sind hübsch. Niemand ist schlau. Alle sind schlau.

Hier draußen gibt es nur dich.

Copy. Copy.

Die Stimme von Dani Logan drang von weit weg in ihre Ohren.

»Hey, Bird?«, sagte sie. »Hast du vielleicht Lust, morgen nach der Schule mit zu mir zu kommen? Wir könnten zusammen nach Hause laufen. Nur wenn du willst.«

Bird schlug die Augen auf. Sie war die Einzige, die noch auf ihrem Stuhl saß. Alle anderen – auch Dani – hatten ihre Tische schon an den üblichen Platz geräumt. Die Leute verließen das Klassenzimmer und gingen zur nächsten Stunde. Wann hatte es geläutet? Bird hatte nichts davon mitbekommen.

Jessicas Worte schwebten immer noch in der Luft, aber Bird schwebte auch. Sie war die Missionsspezialistin Thomas und eben erst von ihrer Space-Shuttle-Mission zur Erde zurückgekehrt. Wer konnte in so einem Moment schon an irgendwas anderes denken?

Anscheinend alle außer ihr.

Das Klassenzimmer wirkte wie immer, die Menschen darin auch. Ihre Mitschüler bewegten sich, als hätten sie die letzten Minuten nicht mit fest geschlossenen Augen zugebracht, versunken in eine andere Welt.

Bird stand auf. Schob ihren Tisch zurück an seinen Platz. Das Scharren der Stuhlbeine über das Linoleum brachte sie zurück auf den harten, kalten Boden der Park Middle School.

»Ist keine große Sache, wenn nicht«, sagte Dani.

»Was ist keine große Sache?«, fragte Bird.

»Ich hab dich gefragt, ob du nach der Schule mal mit zu mir kommen willst.«

»Oh«, machte Bird.

War sie immer noch in einer anderen Galaxie? Zum ersten Mal seit dem Beginn der Mittelschule lud jemand sie zu sich nach Hause ein. Es war immer so gewesen, dass sie in der Schule schon ein paar Freunde hatte und mittags mal an diesem Tisch saß, mal an einem anderen, je nach Stimmung. Beste

Freundinnen und Übernachtungspartys gab es für Bird allerdings nicht. Sie blieb für sich.

Aber wenn sie an Bord der *Challenger* neben Judith Resnik ins Weltall düsen konnte, ohne Park in Delaware überhaupt zu verlassen, schaffte sie garantiert auch den Start in Danielle Logans Haus.

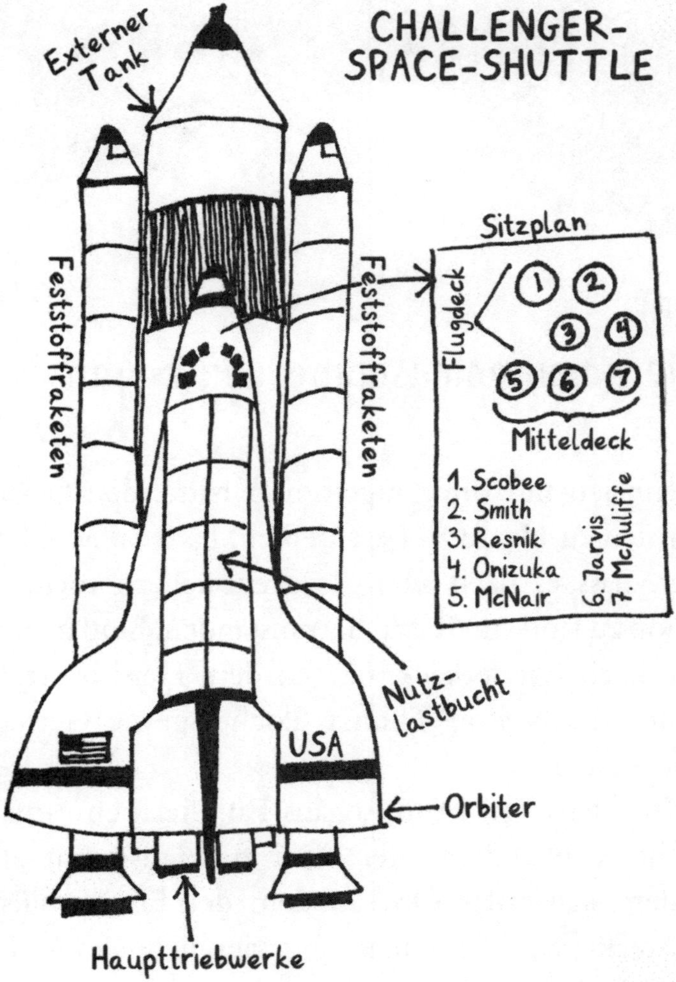
CHALLENGER-
SPACE-SHUTTLE
Externer
Tank
Feststoffraketen
Feststoffraketen
Sitzplan
Flugdeck
1
2
3
4
5
6
7
Mitteldeck
1. Scobee
2. Smith
3. Resnik
4. Onizuka
5. McNair
6. Jarvis
7. McAuliffe
Nutz-
lastbucht
USA
Orbiter
Haupttriebwerke

Dienstag, 7. Januar 1986

BIRD
Die Familienmaschine der Logans

Wenn jemand Bird aufgefordert hätte, den Geruch bei sich zu Hause zu beschreiben, hätte sie wohl gesagt, dass es nach alten Taschenbüchern roch, die schon zu lange im Regal herumstanden. Und manchmal nach Rinderhack, das auf dem Herd brutzelte, denn Mrs Nelson Thomas kochte gerne Gerichte mit Rinderhack.

Im Haus von Dani Logans Familie roch es nach nichts von alldem. Bei Dani zu Hause war alles anders, sogar der Ort, an dem der Ersatzschlüssel versteckt war. Bird fand ihn ziemlich clever. Die Familie Nelson Thomas legte den Schlüssel einfach in den Briefkasten – nicht gerade das raffinierteste Versteck. Bei den Logans war der Schlüssel innen in einem abnehmbaren Türklopfer untergebracht.

Bird atmete unauffällig ein, während sie aus den Schuhen schlüpfte und sie brav bei der Tür abstellte – das sei eine von den »Hausregeln«, sagte Dani und verdrehte die Augen. Dann folgte Bird ihrer neuen Freundin ins Haus hinein.

Nirgends stapelte sich irgendwas, dem man ausweichen musste, es gab auch keine Landminen von herumliegenden Turnschuhen oder Sandalen. Im Gang standen keine Wäschekörbe herum. Hier war so viel Platz. Bird konnte spüren, wie sich die Luft um sie herum bewegte.

»Komm, wir gehen in die Küche und fressen uns voll«, sagte Dani.

Sich vollfressen.

Das ganze Junkfood rächt sich irgendwann, Bernadette. Das sagte Birds Mutter jedes Mal, wenn Bird nach etwas Ungesundem griff. Auf die Frage, warum ihre Brüder essen durften, was sie wollten, bekam sie immer die gleiche Antwort: *Die brauchen das. Das sind heranwachsende Jungs.*

Dani holte Erdnussflips und Tortilla-Chips aus dem Vorratsschrank und winkte Bird hinüber ins Wohnzimmer, wo sie sich auf den Teppich setzte und die Tüten auf den Couchtisch legte.

Bird setzte sich neben sie.

»Eigentlich soll ich im Wohnzimmer nicht essen«, erklärte Dani. »Aber …« Sie zuckte mit den Achseln und stopfte sich Tortilla-Chips in den Mund.

Bird schaute sich um. So viel freier Raum. So viel

Platz, um sich zu bewegen. Hier konnte man sich wirklich wohlfühlen. Hinter dem Esszimmertisch war eine Schiebetür aus Glas, die in einen eingezäunten Garten führte. Die Familie Thomas hatte auch einen Garten, aber außer Mr. Thomas ging niemand nach draußen, und auch der nur zum Rasenmähen, nach Meinung von Birds Mutter allerdings nicht oft genug. Bei den Logans stand direkt vor dem Zaun ein riesiger Baum mit einer an den Stamm genagelten Leiter. Ein paar Sprossen waren kaputt oder hingen schief. Von dort, wo sie saß, konnte Bird das Baumhaus nicht sehen, aber die Leiter musste schließlich irgendwo hinführen.

»Hast du ein Baumhaus dahinten?«, fragte sie.

Dani warf einen Blick nach draußen. »Ja. Oder besser gesagt, ich hatte eins. Mein Dad hat es mir vor langer Zeit gebaut, aber inzwischen ist es ziemlich verfallen. Im Prinzip gibt's da nur noch ein paar an den Baum genagelte Holzbretter.«

»Ich hab mir immer ein Baumhaus gewünscht«, sagte Bird.

»Ich auch«, antwortete Dani. »Darum hat mein Dad es ja gemacht.«

Bird fragte sich, wie das wohl sein mochte: sich etwas zu wünschen und es dann zu bekommen. Besonders so etwas wie ein Baumhaus. Bis jetzt hatte sie gedacht, Baumhäuser gäbe es nur in Büchern oder im Fernsehen. Eine Art optische Täuschung, so wie Ms. Salongas Sternbilder.

An den Wänden hingen Fotos von Dani und ihren Eltern. Auf einem – einem riesigen gerahmten Bild über dem Fernseher – trugen alle drei zueinanderpassende Farben und lächelten breit in die Kamera. Bird konnte sich nicht mehr erinnern, wann sie zuletzt für ein Foto neben ihren Eltern und Brüdern gestanden hatte. Oder überhaupt für irgendwas.

Dani folgte ihrem Blick.

»Ich habe keine Geschwister, hier gibt's nur mich«, sagte sie. »Muss toll sein, einen Zwilling zu haben, oder?« Als Bird nicht reagierte, ergänzte Dani: »Aber ich habe eine Katze.«

Bird war sofort neugierig. »Wirklich?«

»Einen Kater, er heißt Chekov. Manchmal ist er ein bisschen schüchtern, aber er muss hier irgendwo sein.« Dani reckte den Hals mal in die eine, dann in die andere Richtung und machte Kussgeräusche. »Chekov! Chekov!« Sie warf sich ein Tortilla-Chip in den Mund und kaute. *Knurps, knurps.* »Sein voller Name ist Chekov Scotty McCoy. Ich wollte ihn Chekov nennen, mein Vater mochte McCoy, und meine Mutter fand Scotty am besten. Auf dem Heimweg aus dem Tierheim haben wir uns die ganze Zeit gestritten, bis meine Mom irgendwann gesagt hat, wir sollten doch eine Übereinkunft finden, und am besten wäre es, wenn wir ihm alle drei Namen geben.«

Eine Übereinkunft. Wenn Birds Eltern Streit hatten, endete das meistens damit, dass einer von ihnen aus dem Haus stürmte und erst Stunden später wieder zurückkam. Einmal war ihre Mutter sogar über Nacht weggeblieben. Und zu einer Übereinkunft kamen die beiden nie, sie stritten immer wieder über die gleichen Dinge.

In was für einer Welt Dani Logan lebte, mit Baumhäusern und Übereinkünften.

»Das sind interessante Namen für eine Katze«, sagte Bird.

»Die sind alle aus *Star Trek*.« Dani hörte auf zu kauen. »Sag bloß, du hast nie *Der Zorn des Khan* gesehen?«

»Nein. Aber mein Bruder hat es angeschaut, glaub ich zumindest.« Bird zuckte mit den Achseln.

»Das würde dir super gefallen! Das ist der Weltraum, Bird. Der *Weltraum*! Die ziehen da richtig zwischen den *Sternen* durchs *All*!«

»Aber nicht in Wirklichkeit.«

Jetzt war Dani diejenige, die mit den Achseln zuckte. »Wer braucht schon die Wirklichkeit? Die ist doch immer da.«

Darauf wusste Bird keine Antwort.

Knurps, knurps.

»War der Streit schlimm?«, fragte Bird.

»Was? Ach. Nein. Und es war ja auch gar kein richtiger Streit. Eher so ein Rumalbern.« Dani nahm sich Erdnussflips. »Am Ende habe ich sowieso gewonnen, weil Chekov sein Vorname ist, also nennen wir ihn hauptsächlich so.« Sie stand auf. »Willst du was zu trinken?«

»Klar«, sagte Bird. Während Dani in der Küche verschwand, starrte sie das Familienfoto an.

»Sunkist oder Sprite?«, rief Dani.

Bird trank zu Hause nie normale Limonaden. Zu viel Zucker. Zu viele Kalorien. *Du wirst nicht ewig so dünn bleiben*.

»Sunkist«, entschied Bird.

Irgendwas an dem Familienporträt der Logans erinnerte Bird an das *Challenger*-Foto. Sie wusste nicht so richtig, wo die Verbindung war. Das Hirn ist eine seltsame Maschine. Auf einmal dachte Bird an Judith Resnik.

Dani kam mit den Getränken zurück und rief wieder nach Chekov.

»Der ist ein komischer Kerl«, sagte Dani. »Er kommt nur raus, wenn er weiß, dass die Umgebung sicher ist.«

Bird nahm einen großen Schluck Sunkist. »Das verstehe ich«, sagte sie.

FITCH
Trackball

Nicht alle, die zockten, kamen mit einem Trackball zurecht. Der Trackball war unberechenbar, schwer in den Griff zu kriegen und kaum zu kontrollieren. Mit dem Joystick ging alles viel leichter. Die Dinger bewegten sich nur in bestimmte Richtungen. Ruckeldizuck und fertig. Aber Trackballs? Die reagierten auf die geringste Bewegung, und wenn du nur einen klitzekleinen Hauch zu weit drehtest, kam Major Havoc nie an die Stelle, an die er musste. Um bei Major Havoc richtig gut zu sein, musstest du mit dem Trackball *und* mit den zwei Knöpfen klarkommen, von denen der eine zum Feuern und Springen diente und der andere Major Havocs Schild aktivierte, was für jedes Leben nur ein Mal möglich war. Die einzigen anderen Spiele mit Trackball hier in der Halle waren Missile Command und Centipede, und auch bei denen hatte niemand wirklich eindrucksvolle Ergebnisse.

Fitch war immer bereit, Major Havoc gegenüber Leuten wie Vern zu verteidigen, die fanden, Major Havoc könne sich mit den anderen Spielen nicht messen – egal ob mit Trackball oder ohne –, sagte aber nie etwas über seinen persönlichen Erfolg. Das war sein kleines Geheimnis. Herumprahlen war nicht sein Ding. Nie hätte er angegeben, so wie

Vern das tat, wenn er bei Star Wars oder Donkey Kong oder sonst was auf ein richtig hohes Level gekommen war. Sobald Leute wussten, dass du gut in etwas warst, erwarteten sie immer mehr Großtaten, und Fitch war vollkommen zufrieden, sich in einer Welt zu bewegen, in der niemand etwas von ihm erwartete.

Aber ausgerechnet in dem Moment, in dem er seinen bisher mit Abstand besten Score erreichte und mit Major Havoc in die Weiten seiner Galaxie entwischte, fand er in seinem sonst so einsamen Wurmloch ganz unerwartet einen Gefährten an seiner Seite.

Dieser Gefährte machte genau in dem Moment auf sich aufmerksam, in dem Major Havoc dann doch gestorben war und Fitch mit wildem Fluchen gegen die Maschine trat.

»Du bist super.«

Fitch schoss herum, bebend vor Ärger und Adrenalin.

Der Junge vor ihm war acht oder neun. Fitch erkannte ihn sofort wieder, es war der kleine Trottel, der neulich drüben bei dem Basketballspiel seine ganzen Vierteldollarmünzen verpulvert hatte. Er trug ein zerknittertes T-Shirt mit *E. T.* drauf, und auf einmal kam Fitch in den Sinn, dass *E. T.* der letzte Film gewesen war, den er zusammen mit seiner Familie im Kino angeschaut hatte. Bird und seine Mutter hatten am Ende geweint. Auch Fitch war nah am Weinen gewesen, aber da weder Cash noch ihr Vater eine einzige Träne vergossen, hatte er es weggedrückt.

»Du bist super«, wiederholte der Junge. Er trug eine Brille mit breitem Rahmen und dicken Gläsern. Wenn sie ihm ein Stück die Nase herunterrutschte, schob er sie mit dem Daumengelenk wieder hoch.

»Danke«, brummelte Fitch.

»Dieses Spiel ist echt schwer«, sagte der Kleine. »Ich hab noch nie jemanden gesehen, der so weit gekommen ist.«

»Die meisten geben auf.« Fitch griff in seine Tasche. Er wusste, dass keine Münzen mehr drin waren, aber er suchte trotzdem. Insgeheim hoffte er immer, in den Tiefen seiner Jeans vielleicht doch die Rillen eines eigenwilligen Vierteldollars aufzuspüren, aber das passierte nie. Der Tag, an dem er eine bisher unentdeckte Münze finden würde, wäre der Tag, an dem er mit seinem eigenen Catastrofighter abheben würde.

»Ich bin erst aus New Jersey hierher umgezogen. In der Spielhalle bei uns zu Hause hatten die Major Havoc nicht«, sagte der Junge. »Ich hab versucht, es zu spielen, als ich zum ersten Mal hier war, aber nach zwei Sekunden war ich tot. Ich kann das mit dem Trackball nicht. Wobei Centipede ganz okay läuft bei mir. So halbwegs jedenfalls.« Er schob seine Brille hoch. »Ich heiße Marshall. Die meisten Leute sagen Marsh zu mir.«

Fitch machte den Hals lang und sah sich in der Spielhalle um.

»Kannst du mir vielleicht irgendwann mal was beibringen?«, fragte Marsh.

Oje.

»Was?«, sagte Fitch. Er trat einen Schritt weg von dem Jungen. Ein achtjähriges Anhängsel war das Letzte, was er brauchte.

»Vielleicht könntest du mir bei Gelegenheit mal was zeigen.« Marsh zuckte mit den Achseln. »Nur so eine Idee.«

Eine Stimme erklang von weiter weg. »Fitch Nelson Thomas! Finsterer Overlord der Vaxxianer!«

Vern. Er wusste, wie sehr Major Havoc das Vaxxianische Reich hasste, und genau deshalb nahm er Fitch dauernd mit irgendwelchen blöden Anspielungen auf die Schippe.

Marshs Blick wanderte zu Vern, der jetzt mit lässigen Schritten auf sie zukam, eine fettige Tüte Popcorn in der Hand. Ab und zu warf Mr. Hindley seine steinalte Popcorn-Maschine an und schmiss eine Runde für alle, einfach so, ohne Grund.

Vern stieß Fitch mit dem Ellbogen an, während er sich Butter von den Fingern leckte.

»Hey, *Henry*. Endlich kannst du mal mit Leuten in deinem Alter abhängen, was?«, sagte Vern, zeigte mit dem Kinn auf Marsh und lachte.

Marsh ignorierte ihn. Er schob nur seine Brille zurück und sagte: »Bis dann.«

»Na ja«, antwortete Fitch abwehrend. »Bis dann.«

Als Marshall außer Hörweite war, sagte Vern: »Wetten, mit der Brille kann der Kleine bis ins nächste Jahr sehen. Vielleicht sogar bis ins neue Jahrtausend.«

»Egal, Mann«, sagte Fitch. »Ich geh nach Hause. Außer du hast noch ein paar Münzen für mich?«

»Auf keinen Fall«, sagte Vern. Dann senkte er die Stimme. »Ich steck meine gleich in Ms. Pac-Man.«

»Ms. Pac-Man? Ich hab dich im Leben noch nie Pac-Man spielen sehen, und *Ms.* schon gleich gar nicht.«

»Sagen wir mal so: *Genau jetzt* spielt eine gewisse Person Ms. Pac-Man, und ich wollte noch nie so dringend ein Geist oder eine Kraftpille sein.«

Fitch machte ein paar große Schritte, dicht gefolgt von Vern, und schaute wie zufällig rüber zu Ms. Pac-Man, wo Rachel Hill am Joystick stand, die beiden Jessicas an den Ellbogen, alle drei mit seitlichen Pferdeschwänzen und Bändern in den Haaren. Dann linste er auf den Score. Nicht schlecht.

»Das ist meine Gelegenheit«, sagte Vern mit vollem Mund.

»Gelegenheit für was?«

»Mich an sie ranzumachen. Was meinst du?«

»Du?« Fitch lachte laut – ein einzelnes, ehrliches *Ha!* »*Du* willst dich an *Rachel Hill* ranmachen?«

Vern schluckte. Seine Lippen glänzten vor Fett. »Klar. Warum nicht?«

Fitch seufzte und sah zu, wie sich Marsh neben Rachels Freundinnen stellte. Er stand still da und starrte gebannt auf den Bildschirm, während Rachel auf dem Weg durchs Labyrinth Pillen fraß und Geister jagte.

»Weißt du, *Henry*«, ergänzte Vern, »es sind eben nicht alle so glücklich verliebt wie du und Bibo.«

Ein Stromstoß jagte durch Fitchs Arme. Das passierte manchmal, schnell wie ein Blitz und genauso unerwartet. Wie ein aufflammendes Streichholz tief in seinen Knochen. Er wollte Vern an seinem Shirt packen und es direkt unter seiner Kehle zu einem Knoten zusammenraffen, ihn vielleicht sogar in den Bauch boxen, wo das gebutterte Popcorn gelandet war. Ihn gegen einen Spielautomaten stoßen – Defender und Asteroids waren ganz in der Nähe – und ihm mit zusammengebissenen Zähnen zuzischen, dass er nie mehr so einen Kommentar ablassen sollte, sonst würde Fitch dafür sorgen, dass er überhaupt nicht mehr sprechen könnte.

Das Feuer aus seinem Innern drang bis auf seine Haut, doch statt auszuflippen und auf Vern loszugehen, zwang sich Fitch, die Hände in die Taschen zu stopfen und seine Fäuste so tief zu vergraben, dass keine Gefahr mehr drohte.

»Na dann, viel Erfolg«, sagte Fitch. Ganz lässig, als hätte es das Feuer nie gegeben. »Ich hau ab. Sag Bescheid, wie's gelaufen ist.« Er nickte in die Richtung von Marsh. »Aber pass auf, du hast Konkurrenz.«

BIRD
Gute Nacht, Bird

An diesem Abend lag Bird im Bett und überlegte, was es wohl bedeutete, dass nicht Hübschsein »ihr Ding« war, sondern Schlausein.

Was war mit Judith Resnik? Jessica hatte gesagt, Judith Resnik sei hübsch, aber zugleich war sie auch Astronautin, also musste sie ja wohl schlau sein. Wie wollte Jessica *das* denn erklären?

Bird seufzte. Die guten Antworten fielen ihr immer erst ein, wenn es zu spät war.

Was kümmerte sie das Hübschsein überhaupt? In der Grundschule war ihr so was ganz egal gewesen. Und im letzten Schuljahr eigentlich auch noch. Wieso dachte sie überhaupt darüber nach?

Ihre Mutter fand Hübschsein wichtig, das wusste Bird, auch wenn Ms. Thomas dauernd beteuerte, dass es nicht auf das Aussehen ankäme. War es in Wirklichkeit vielleicht allen wichtig? Was dachte Dani über solche Sachen? Ms. Salonga? Oder die Missionsspezialistin Judith Resnik?

Bird blinzelte zur Decke. Sie versuchte sich Judith Resnik vorzustellen, wie die sich über ihr Aussehen Sorgen machte, während sie den Halleyschen Kometen erforschte. *Gib mir doch mal jemand eine Bürste. Ich kann das hier unmöglich mit zerzausten Haaren machen.*

Das ergab keinen Sinn.

Oder doch?

»Ich wünschte, ich könnte dich fragen«, flüsterte Bird.

Sie schloss die Augen und formulierte in Gedanken eine Frage. Stellte sich vor, wie diese Frage durch die Atmosphäre reiste, sich auf unsichtbaren Wellen von Delaware nach Texas bewegte und in den Ohren von Judith Resnik landete.

Bird: Es ergibt einfach keinen Sinn, nur *eine* Sache zu sein. Oder?

Und Judiths Worte reisten den ganzen Weg zurück.

Judith Resnik: Nein. Tut es nicht. Gute Nacht, Bird.
Bird: Gute Nacht.

Mittwoch, 8. Januar 1986

FITCH
Hallo, Amanda

»Und?«, fragte Fitch, gleich als Vern in der ersten Stunde das Klassenzimmer betrat.

Vern kam den Gang entlanggesegelt, er roch nach Schweiß mit einem Hauch Herrenparfüm.

»Was und?«, fragte er.

Fitch drehte sich nach hinten, während sich Vern setzte. »Hast du mit ihr geredet?«

»Pscht«, machte Vern und schaute nach vorne, obwohl sie beide wussten, dass Rachel noch nicht da war.

»Hast du?«

Vern öffnete seinen Rucksack und zog das Naturwissenschaftsbuch heraus. »Nicht so richtig«, sagte er. »Ich wollte ja, aber dein kleiner Freund hat einfach nicht die Klappe gehalten.«

»Was für ein kleiner Freund?«

»Du weißt schon.« Vern ahmte Marsh beim Zurechtrücken seiner Brille nach. »*Marsha* hat sie mit Fragen bombardiert und einfach nicht aufgehört zu reden.«

»Was für Fragen?«

»Über Ms. Pac-Man, ausgerechnet. Dazu hat er sie gelöchert. Zwanzig Fragen die Minute über dieses beschissene *Ms. Pac-Man*. Das war –« Er unterbrach sich. Sein Blick driftete zum Gang, und seine Mundwinkel zogen sich nach oben.

Fitch wusste, was kommen würde.

»Oh, hallo, Amanda«, sagte Vern.

Fitch sah nicht in ihre Richtung. Er bewegte sich nicht mal. Aber er hörte, wie sie sich hinsetzte, und gleich darauf bekam er mit, wie sie ihre Bücher auspackte. Er durchbohrte Vern mit Blicken. Eine stille Nachricht: Wag es bloß nicht.

»Ich habe gerade mit Fitch – äh, ich meine *Henry* – über Ms. Pac-Man geredet«, sagte Vern.

»Ach, wirklich?« Amanda lächelte schwach. »Ich komm da nie über das erste Level.«

»Ist schon knifflig, dieses gelbe Kugel-Dings«, sagte Vern. Er schubste seinen Freund mit dem Turnschuh an. »Findest du nicht, *Henry*?«

»Ja«, antwortete Fitch tonlos. »Knifflig.«

»Gehst du denn manchmal in die Spielhalle auf der Main Street, Amanda?«, fragte Vern.

Nein. Das würde er nicht! Nicht mal Vern würde

so was tun. Auf keinen Fall würde er Amanda Piper einladen, nach der Schule mit ihnen abzuhängen.

Oder doch?

Fitch brodelte innerlich.

Er holte Luft.

Tiefe Atemzüge.

»Eher nicht so«, sagte Amanda. »Aber wenn doch, dann spiele ich meistens Q-Bert oder so was. Das hab ich aber auch nicht so drauf. Oh! Frogger finde ich gut. Ich schaffe echt viele Level auf Frogger.«

»Frogger«, wiederholte Vern nickend. »Das ist gut. Stimmt's, Henry?«

Fitch saß immer noch mit dem Rücken zu Amanda da und starrte Vern wütend an. Wenn er sich bewegte, würde er vielleicht explodieren, wie der Todesstern in *Die Rückkehr der Jedi-Ritter* oder der weiße Hai am Ende des Films. Jede Zelle in ihm raste. Er wusste nicht, was er tun würde, wenn Vern Amanda in die Spielhalle einlud.

»Ja«, sagte Fitch, auch wenn er die Frage schon vergessen hatte.

Ganze drei Sekunden lang konnte er sich nicht rühren; erst als Andrea Blumenthal auf Amandas Schulter tippte, um sie etwas zu fragen, löste sich seine Erstarrung. Während Amanda abgelenkt war, flüsterte Fitch Vern zu: »Wenn du ihr sagst, sie soll zu uns in die Spielhalle kommen, bin ich dein Todfeind auf immer und ewig.«

Das war höchstens halb witzig gemeint.

»Also ehrlich«, sagte Vern. »Ich bin doch nicht blöd. Ich will Chewbacca genauso wenig da sehen wie du. Nach der Schule gibt's Wichtigeres – zum Beispiel muss ich überlegen, wie ich mich in eine weiße Pille zum Verputzen für Ms. Pac-Man verwandele.« Mit hochgezogenen Augenbrauen schaute er zu Rachel Hill hinüber, die eben hereingeschlendert kam, wie immer als Letzte.

Amanda tauchte trotzdem auf. Fitch hatte das Gespräch schon vergessen und stand neben Vern, als er sie sah. Vern spielte Joust, und Fitch hatte alle seine Münzen verbraucht, also war er zum Zuschauen verdammt. Hätte er Major Havoc gespielt, wäre sie ihm vielleicht gar nicht aufgefallen, und dann hätte sie hoffentlich kapiert, dass es besser war, ihn in Ruhe zu lassen – man kann sich schließlich nicht lässig mit jemandem unterhalten, der in ein Spiel abgetaucht ist; das wusste sogar Marsh, und der war noch ein Kind. Aber er hatte das Pech, Amanda zufällig genau in dem Moment in die Augen zu schauen, als sie an den Greifautomaten entlangwanderte.

Fitch stieß einen leisen Fluch aus.

»Was ist los?«, fragte Vern, ohne ihn anzusehen.

»Amanda ist da«, sagte er tonlos.

Vern hatte nur noch ein Leben und konnte die Augen nicht vom Bildschirm lösen. Stattdessen verzog er die Nase.

»Chewbacca?«

Fitch hatte nach dem Blickkontakt mit Amanda schnell weggeguckt, trotzdem kam sie jetzt auf die beiden zu.

Das war alles Verns Schuld. Er hatte mit ihr über diese dämliche Spielhalle palavert, und jetzt war sie hier. Wieso konnte Vern nie die Klappe halten? Mit jedem Schritt, den Amanda machte, wurde es Fitch heißer. Sie lächelte. Wieso grinste sie ihn ständig an? Kapierte sie denn gar nichts?

»Hallo, Henry«, sagte sie und winkte.

Jetzt stand sie direkt neben ihm. Sie roch nach Bubblegum, dabei kaute sie gar keinen, soweit er sah.

»Hallo, Vern«, fügte sie hinzu.

Vern murmelte ein kurzes »Hallo«, für mehr war er zu beschäftigt. Während Vern Eier einsammelte und mit seinen imaginären Joust-Flügeln flatterte, füllten die digitalen Sounds der Maschine die Stille.

»Sieht schwer aus, dieses Spiel«, sagte Amanda. »Und wieso reiten die auf Vögeln und nicht auf Pferden? Wenn es doch um ein Ritterturnier geht.« Sie und Fitch sahen Vern dabei zu, wie er die Strauße flattern ließ. »Oje, pass auf den Kerl da auf! Oh nein – guck nach links!«

Fitch wollte sie anschnauzen und ihr sagen, dass sie endlich still sein sollte. Wusste sie denn nicht, dass man Leute mitten im Spiel nicht mit Kommentaren nerven darf? Und jemandem zu erklären, wie er spielen soll, ist noch schlimmer – erst recht, wenn man selbst gar nicht richtig weiß, wie das Spiel geht. Aber es war gar nicht nötig einzuschreiten, denn nach Amandas viertem »Pass auf!« starb Verns letzter Strauß. Er trat von dem Spielautomaten zurück, hob resigniert die Arme und klatschte sie dann gegen die Seiten.

»Super«, sagte Vern. »Wirklich super.«

»Wie schade«, sagte Amanda. Sie war so dreist, auch noch betrübt zu gucken.

Dann schob sie die Hände in die Taschen. »Auf was habt ihr jetzt Lust? Wollt ihr's mal mit Skee-Ball probieren?«

»Skee-Ball«, wiederholte Vern, als hätte sie vorgeschlagen, sie sollten eine Facharbeit schreiben.

Solche albernen Geschicklichkeitspiele wie Skee-Ball oder Air-Hockey spielten sie nie. Sie waren Videospieler, echte Zocker, sah sie das nicht?

Amanda zog eine Handvoll Münzen heraus. »Ich habe Vierteldollars.«

In diesem Moment erwischte sich Fitch bei einem üblen Gedanken: Er stellte sich vor, ihr das Geld aus der Hand zu schlagen, es sich zu schnappen und alles für seine eigenen Spiele zu verbrauchen.

»Nein danke«, sagte Vern. Sein Blick saugte sich an etwas fest. Genauer ausgedrückt, an jemanden. Rachel Hill und ihr Gefolge – also Jessica Diaz und Jessica Brantley – waren wieder bei Ms. Pac-Man. Marsh auch.

Vern fuhr sich mit den Fingern durch die Haare.

»Ich wusste nicht, dass Rachel auch hierherkommt«, sagte Amanda.

Etwas Seltsames lag in ihrer Stimme. Eifersucht war es nicht unbedingt. Fitch wurde nicht schlau daraus.

»Na ja, ihr zwei seid ja wohl auch nicht gerade Freundinnen«, sagte Vern glucksend.

Bevor sie etwas entgegnen konnte, erklärte Vern, Fitch solle ihm Glück wünschen, und ging weg. Fitch und Amanda standen unbehaglich nebeneinander und schwiegen sich an.

Amanda schob die Münzen zurück in ihre Tasche, während Fitch beobachtete, wie Vern Marsh etwas ins Ohr flüsterte. Der Junge schaute kurz in ihre Richtung und sagte auch etwas – anscheinend stellte er eine Frage –, doch Vern kümmerte sich schon nicht mehr um ihn, sondern schob ihn einfach zur Seite.

Fitchs Herz hämmerte. Er wollte Amanda loswerden und mit seinem normalen Leben weitermachen, aber sie stand einfach unbeweglich da.

Eine Gruppe Jungs kam herüber, um Joust zu spielen, also rückten Fitch und Amanda ein Stück von dem Automaten weg. Marsh steuerte auf sie zu und ignorierte die anderen Kids in seinem Alter, die »Marsha!« oder »Marsha, Marsha, Marsha!« brüllten, während er an ihnen vorbeiging.

»Hey«, sagte Marsh und schob seine Brille hoch.

»Dein Freund hat gesagt, ich soll rübergehen und dich retten, aber ich weiß nicht, vor was.« Marsh schaute Amanda an. »Hallo, ich bin Marsh.«

»Hallo.«

Fitchs Herz dröhnte noch lauter. *WUMM-WUMM-WUMM.*

»Du bist ja ganz rot im Gesicht, Henry«, sagte Amanda. Und als wäre das nicht genug, kicherte sie auch noch.

In diesem Moment hasste Fitch sie wirklich.

Seine Mutter sagte immer, »Hass« sei ein starkes und hässliches Wort, man dürfe es nur dann gebrauchen, wenn man es absolut ernst meinte. »Und das sollte nicht oft sein, wenn es denn überhaupt nötig ist«, fügte sie jedes Mal hinzu, aber in diesem Moment – genau in diesem einen Moment – hasste Fitch Amanda Piper wirklich. Wieso musste sie sagen, dass er rot im Gesicht war? Wieso sagte überhaupt irgendwer so was? Er *wusste* doch, dass sein Gesicht rot war. Jeder konnte *sehen*, dass sein Gesicht rot war, und jetzt wurde das immer noch schlimmer, weil sie ihr großes Maul aufgerissen hatte.

Er räusperte sich.

»Bis später, ihr zwei«, sagte Fitch.

Sollte Marsh ihr doch Gesellschaft leisten.

Fitch machte ein paar beklommene Schritte weg von den beiden. Er würde nach der Popcorn-Maschine schauen, genau das würde er tun. In diesem Moment kam ihm Popcorn wie das prächtigste Essen auf Erden vor.

Fitch erwartete halb, dass Amanda ihm folgen würde, doch stattdessen kam ihm Marsh hinterher.

Fitch machte schneller. Er wollte doch nur in Ruhe ein bisschen abhängen und Videospiele spielen. Die Spielhalle auf der Main Street war *sein Ort*. Sein *einziger* Ort.

Noch bevor er es sah, roch Fitch das Popcorn schon – bergeweise Popcorn, frisch gepopptes Popcorn. Er schnappte sich eine leere Tüte.

»Davon könnte ich hundert Portionen essen«, sagte Marsh hinter ihm. Dann öffnete er eine Papptüte, griff nach der Schaufel und füllte die Tüte bis oben hin voll. Popcorn rieselte auf seine Füße und vereinte sich am Boden mit vielen anderen verstreuten Resten.

Mr. Hindley kam vorbei, mit einem Säckchen Münzen in jeder Hand. Auf dem Weg ins Büro nickte er gutmütig zu dem Gekrümel am Boden hin.

»Dir sind da ein paar entwischt, Marsh«, sagte er.

»Die heb ich mir für den Nachtisch auf, Mr. Hindley«, antwortete Marsh.

In dem Moment rauschte Rachel Hill heran, gefolgt von den beiden Jessicas, mit ihren auf den Schultern wippenden Pferdeschwänzen.

»Hey«, zwitscherte Rachel und zeigte auf die Popcorn-Maschine. »Wir wollten uns Popcorn holen.«

»Oh«, sagte Fitch und trat einen Schritt zur Seite.

»Wie läuft's bei Ms. Pac-Man?«, fragte Marsh mit vollem Mund.

»Heute nicht so toll«, antwortete Rachel. Sie schüttelte eine Tüte auf und schaufelte vorsichtig Popcorn hinein. Dann sah sie Fitch an und sagte: »Amanda ist nett.«

Das Hirn von Fitch schlingerte. Er verstand zuerst nicht, was sie da sagte oder warum sie es ausgerechnet zu ihm sagte. *Amanda ist nett?* Was sollte das bedeuten?

»Okay«, sagte er. Mehr spuckte sein Kopf einfach nicht aus. Auf einmal war ihm jedes Haar und jedes Schweißmolekül auf seiner Haut entsetzlich bewusst. Rachel und ihre Freundinnen betrachteten ihn, als wüssten sie etwas, das er nicht wusste.

»Ihr seid ein süßes Paar«, sagte Rachel mit einem breiten Lächeln. Einem ehrlichen, waschechten Lächeln. Einem Lächeln, das zeigen sollte, wie ernst sie das Gesagte meinte. Sie warf sich Popcorn in den Mund. »Na ja, also bis bald dann.«

Die Mädchen drehten sich auf dem Absatz um und entfernten sich plappernd, während Fitch wie festgefroren dastand.

Ein süßes Paar?

Ein süßes Paar?

»Wer ist Amanda?«, fragte Marsh und stopfte sich noch eine Handvoll in den Mund. »Das Mädchen, mit dem du vorhin rumgestanden hast?«

Fitch stöhnte innerlich. Erst nach einer Pause sagte er: »Ja.«

»Ich wusste nicht, dass das deine Freundin ist.«

»Ist sie nicht«, sagte Fitch. »Hast du keine Freunde in deinem Alter, mit denen du abhängen kannst?«

Marsh schaute kurz zu den Jungs rüber, die ihn Marsha genannt hatten. Sie drängelten sich um einen der Greifautomaten.

Bevor Marsh antworten konnte, war Fitch gegangen.

Er hörte es immer wieder, immer weiter.

Ihr seid ein süßes Paar. Ihr seid ein süßes Paar. Ihr seid ein süßes Paar.

Also wirklich.

CASH
Alles erlaubt

Der Gips juckte. Und er roch auch. Und es stand *Penny <3 Charlie* darauf, in wasserfestem Edding. Kurz gesagt: Es war der schlimmste Albtraum in Cashs Leben.

Es war unerträglich, das Ding nicht einfach runterreißen zu können, aber ihm blieb nichts anderes übrig, als es irgendwie auszuhalten. Für die nächsten Wochen musste er mit Drahtbügeln und dem Gestank von vergammeltem Obst leben.

Immerhin war da das Spiel, auf das er sich freuen konnte. Sein Vater hatte Pizza bestellt, das vollgestopfte Wohnzimmer war zur Basketball-only-Zone erklärt worden – was hieß, dass keiner reinkommen, sich die Fernbedienung schnappen und auf so was Blödes wie *Star Search* oder *Zeit der Sehnsucht* umschalten konnte –, und Dr. J und Charles Barkley würden ihre Mannschaft zu einem glänzenden Sieg über die Detroit Pistons führen.

Cash und sein Vater machten es sich auf dem Sofa bequem. Fitch war in seinem Zimmer, er hatte Musik aufgedreht. Bird huschte im Haus herum, anscheinend mit einer ihrer Zeichnungen beschäftigt. Mrs. Thomas hatte sich mit einem Buch ins Bett verzogen und schien zufrieden, dass sich alle in ihrer eigenen Umlaufbahn bewegten.

Es konnte also ein annehmbarer Abend werden.

»Endstand«, sagte Cashs Vater und zeigte mit einem Tortilla-Chip auf ihn. »Was schätzt du?«

»Hundertzwanzig zu hundertfünfzehn«, sagte Cash.

Das machten sie jedes Mal, wenn sie ein Spiel zusammen anschauten. Bis jetzt hatte noch keiner von ihnen jemals richtiggelegen.

Das erste Viertel endete mit einem Vorsprung für die Pistons, siebenundzwanzig zu fünfzehn. In der Mitte des zweiten waren die Tortilla-Chips alle. In dem Moment tauchte Bird mit einem Notizbuch in der Hand im Flur auf. Sie trug ihre Winterjacke, eine Mütze und Handschuhe und war schon halb aus der Tür, als Mr. Thomas fragte, wo sie hinwollte. Allerdings ohne die Augen von Charles Barkley zu lassen, der gerade einen Angriff startete.

»Nach draußen, Sterne angucken«, sagte Bird.

Als keiner reagierte, ging sie hinaus und schloss

die Tür hinter sich. Der plötzliche Schwall kalter Luft war bis ins Wohnzimmer zu spüren.

»Sterne«, wiederholte Mr. Thomas kopfschüttelnd.

Cash sagte nichts. Auch er hörte gebannt zu, wenn Ms. Salonga von Sternbildern und dem Weltall erzählte, aber sein Interesse erlosch immer gleich, sobald er das Klassenzimmer verließ. Er interessierte sich nie und nimmer so für dieses Zeug, dass er bei Eiseskälte draußen rumsitzen und sich etwas dazu aufschreiben würde. Schreiben war sowieso nicht sein Ding.

Er nahm einen Kleiderbügel, stieß ihn unter seinen Gips und kratzte sich.

»Hey, mhm … Dad?«, sagte er und räusperte sich. Mit seinem Vater Basketball anzuschauen, gehörte zu Cashs Lieblingsbeschäftigungen. Er hatte dann das Gefühl, sie wären selbst auch ein Team. »Kann ich dich was fragen?«

Barkley vermasselte einen Wurf. Mr. Thomas fluchte.

»Klar«, sagte er, die Augen weiter auf das Spiel geheftet.

»Na ja …«, begann Cash und schob die Worte in seinem Kopf hin und her. Er hatte überlegt, mit Brant oder Kenny zu reden, aber das war viel zu peinlich. Wobei er das hier jetzt auch peinlich fand. »Äh … keine Ahnung. Nicht so wichtig.«

»Mach schon, frag mich.«

»Tja …« Er zögerte. »Da ist so ein Mädchen.«

Mr. Thomas richtete sich auf. »Oh«, sagte er, drehte die Lautstärke herunter und sah Cash direkt an.

Blickkontakt ist das einfachste Geschenk, das man einem Menschen machen kann, hatte Ms. Salonga einmal zu Cash gesagt, als er eine Antwort – die natürlich falsch war – in sein Heft genuschelt hatte. *Leute brauchen das Gefühl, gesehen zu werden.*

Cash fühlte sich auf einmal wie ausgestellt. Mit dem leise gedrehten Fernseher und dem Klang von Fitchs Musik, die von seinem Zimmer bis hierher schallte.

»Ich mein ja nur«, sagte Cash. »Bei mir in der Schule, da ist dieses Mädchen. Ich weiß nicht, ich glaub, ich mag sie irgendwie, vielleicht jedenfalls.«

Mr. Thomas hob die Augenbrauen. »Ja?«

»Ja. Aber ...« Sein Nacken wurde heiß vor Verlegenheit. Doch jetzt war es draußen, dagegen war nichts mehr zu machen.

»Ich glaube, sie mag einen anderen Jungen.«

»Ist der ein Freund von dir?«

Im Fernsehen schob sich Moses Malone so dicht an die Freiwurflinie wie nur möglich.

Cash schluckte. »Nein. Der ist irgendwie ...« Cash suchte nach einem Wort, das es genau traf. Einem, das sein Vater verstehen würde. »... ein Einserschüler oder so was.«

»Hm.« Mr. Thomas zog die Augen zusammen. »Ich will dir was erzählen, Cash. Deine Mutter war das hübscheste Mädchen der Park Highschool, als wir jung waren. Beliebt und lustig. Cheerleader. Bei den Football-Spielen stand sie auf der Pyramide immer ganz oben.« Er stemmte eine Fantasie-Cheerleaderin über den Kopf. »Alle hatten nur Augen für sie.«

Cash hatte keine Ahnung davon gehabt, dass seine Mutter einmal ganz oben auf der Pyramide gewesen war. Er versuchte sich das vorzustellen, brachte das Bild aber nicht zusammen und wusste auch nicht, ob er das überhaupt wollte.

»Ich habe sie gesehen und gedacht: Dieses Mädchen muss ich haben. Das Problem war nur, dass jeder andere Kerl an der Schule das Gleiche dachte. Ich musste mir eine Strategie überlegen.«

»Was für eine Strategie?«

»Ich habe beschlossen, dass ich alle anderen Jungs überbieten muss, egal auf welche Art.« Er grinste. »Im Krieg und in der Liebe ist alles erlaubt, stimmt's?«

Er streckte die Hand aus und wartete, dass Cash einschlug, und das tat er auch, obwohl er nicht wirklich sicher war, ob er wusste, was sein Vater meinte.

FITCH
Wähl dein eigenes Abenteuer

Fitch konnte es nicht ausstehen, wenn er seine Musik leiser stellen musste. Darum stand sein Ghettoblaster immer auf vier – laut genug, damit er in sein eigenes Musikvakuum abtauchen konnte, aber nicht so laut, dass seine Eltern an die Tür hämmerten und von ihm verlangten, er solle »dieses Höllending leiser drehen« oder »die Bedürfnisse anderer respektieren«.

Klopfen an seiner Zimmertür war jedenfalls zu etwas geworden, was ihn nervte und ärgerte. Sobald er das Geräusch hörte, schaltete in ihm alles auf Abwehr. So wie jetzt.

»Was?«, brüllte er durch die geschlossene Tür.

Er saß mit überkreuzten Beinen auf dem Boden neben seinem Ghettoblaster, aus dem AC/DC dröhnte, und las *In den Weiten des Weltalls*, ein Wähl-dein-eigenes-Abenteuer-Buch, das Vern ihm geliehen hatte.

Als Bird den Kopf hereinstreckte, war er auf Seite zwölf und musste sich entscheiden, ob er das Alien-Raumschiff im Alleingang ohne seine Einheit angreifen oder sich fügen und den Aliens freiwillig folgen sollte. Instinktiv wollte er kämpfen, aber was, wenn es nette, unschuldige Aliens waren?

Andererseits waren sie das vielleicht eben gerade nicht.

Fitch drehte die Musik leiser.

»Hey«, sagte Bird. Sie hatte ein Notizbuch unter den Arm geklemmt. »Kommst du mit mir raus, Sternbilder anschauen?«

Es hatte eine Zeit gegeben, in der sie viel zusammen gemacht hatten. Wettrennen bis ans Ende der Straße. Versteckspielen zu zweit. Einmal hatten sie sogar probiert, die Gedanken des anderen zu lesen, denn irgendwo hatten sie aufgeschnappt, dass Zwillinge das könnten. Also hatten sie sich einander gegenübergesetzt, die Augen fest zusammengekniffen und sich über Telepathie verständigt. Oder es zumindest versucht. Jetzt erschien ihm das, was Bird dachte, fremder als je zuvor. Die Verbindung, die sie gehabt hatten – so ein Zwillingsding –, war irgendwie immer schwächer geworden. Oder wohl eher irgendwann.

Beinahe hätte Fitch Ja gesagt.

Erst neulich hatte er im Naturwissenschaftsunterricht wieder an ihr telepathisches Experiment zurückdenken müssen, nämlich als Ms. Salonga von ihnen verlangt hatte, die Augen zu schließen und sich auf dieses Pseudo-Space-Shuttle-Spielchen einzulassen. Stattdessen hatte Fitch sich erinnert, wie er mit Bird einmal genauso dagesessen hatte, mit geschlossenen Augen, auf Stühlen, die ein Stück vom Küchentisch weggerückt standen, und wie Bird immer wieder gesagt hatte: »Nicht blinzeln, nicht blinzeln.«

Aber draußen war es so kalt.
Und die Nacht war so still.
Zu still.
»Nein«, sagte er.
Als Bird das Zimmer verließ, drehte er die Musik lauter.

Natürlich entschied er sich irgendwann dafür, gegen die Aliens zu kämpfen. Er siegte zwar, aber am Ende schwebte er allein durchs Weltall, ohne jede Chance auf Rettung. Also war es eigentlich doch kein Sieg.

Er schmiss das Buch auf einen Haufen schmutziger Wäsche in der Zimmerecke. Vielleicht sollte er doch nach draußen gehen und Sternbilder anschauen? Sonst hatte er ja nicht viel zu tun.

Er stellte den Ghettoblaster ab, schob die Füße in seine Turnschuhe und schlenderte ins Wohnzimmer. Er hatte erwartet, tosenden Basketball-Lärm zu hören, mit eingestreuten Ausrufen seines Vaters oder Bruders, aber die beiden hatten die Lautstärke runtergedreht und unterhielten sich leise. Dann schüttelten sie sich sogar die Hände wie zwei Geschäftspartner, die sich auf einen Deal geeinigt haben. Fitch fragte sich, worüber die beiden wohl geredet hatten.

»Wo gehst du hin?«, fragte Mr. Thomas.

Fitch zog seine Jacke von der Ablage und schlüpfte hinein. Sein Vater hatte wieder lauter gestellt, und noch bevor Fitch antwortete, war er schon wieder in das Spiel vertieft.

Bird saß auf der Motorhaube des Cavaliers, mit dem Rücken an der Windschutzscheibe. Sie hatte ihr Notizbuch auf den Beinen liegen, schrieb aber nichts. Sie starrte einfach nach oben.

»Hey«, sagte Fitch.

Es war *kalt*. Eisig kalt. Er kletterte hoch und setzte sich neben sie – ganz vorsichtig, denn wenn er eine Beule ins Auto machte, gäbe es richtig Ärger – und lehnte sich auch hinten an. Es war still, genau wie erwartet. Durch das Wohnzimmerfenster drangen zwar die Geräusche des Spiels nach draußen, aber so gedämpft, dass sie aus einer anderen Galaxie zu kommen schienen.

Der Rest der Straße lag ruhig da, aus den Wohnzimmer- und Küchenfenstern drang Licht. Fitch fragte sich, was die anderen Familien wohl taten.

»Du solltest dir eine Decke holen und dich hinten in den Garten legen«, schlug Fitch vor. »Dann müsstest du nicht auf dem Auto sitzen.«

Bird sagte nichts.

Die Sterne waren heller, als er erwartet hatte. Er konnte sich nicht mehr erinnern, wann er zum letzten Mal ohne Grund hoch in den Himmel geschaut hatte. Ms. Salonga behauptete, viele dieser Sterne seien größer als die Sonne, doch von hier unten wirkten sie winzig.

Fitch dachte an sein Buch. Die Aliens. Das Schweben im Weltall.

»Meinst du, es gibt Leben auf anderen Planeten?«, fragte er. Sein Atem machte weiße Wölkchen, während er redete. Es war seltsam, seine Stimme ohne Drumherum zu hören, ohne Musik oder Major Havoc oder andere Leute, die ihm mit ihrem Gequatsche auf die Pelle rückten.

»Ja«, sagte Bird. »Und du?«

»Weiß nicht.«

»Vielleicht finden wir das irgendwann raus. Vielleicht schon bald.« Sie hielt inne. »Vielleicht finde *ich* es für uns heraus.«

»Wie willst du das machen?«

»Ich werde Astronautin wie Judith Resnik und lasse mich von der NASA auf eine Forschungsmission schicken.«

»Judith wer?«

Bird drehte den Kopf. »Judith Resnik. Die Missionsspezialistin auf der *Challenger.*«

Der Name klang für Fitch nicht vertraut, aber so wie Bird das sagte, musste diese Judith Weiß-ich-wie bei Ms. Salonga vorgekommen sein, was hieß, dass er sie eigentlich kennen müsste.

»Nur, dass ich nicht Missionspezialistin werde«, fuhr Bird fort und starrte weiter in den Himmel. »Sondern die erste weibliche Shuttle-Kommandantin.«

»Shuttle-Kommandantin«, wiederholte Fitch. »Klingt ziemlich cool.«

»Ja. Dann bin ich diejenige, die an Bord das Sagen hat.«

Fitch fühlte sich unter diesen unzähligen Sternen am Himmel auf einmal sehr klein.

»Ich war der Boss von einer ganzen Weltraum-Einheit, aber nach einem Kampf mit einem Haufen Aliens, die ausgesehen haben wie Amöben, bin ich ganz allein im All geschwebt.«

»In einem Videospiel, oder was?«

»Nein. So ein Wähl-dein-eigenes-Abenteuer-Buch. *In den Weiten des Weltalls.*«

Seine Nase fühlte sich wie ein Eisklumpen an. Seine Fingerspitzen waren taub.

»Ist dir nicht kalt?«, fragte er.

»Ein bisschen, aber ich hab ja meine Mütze und die Handschuhe«, sagte sie. »Um warm zu bleiben, musst du die Körperteile bedecken, an denen die meiste Hitze entweicht, also den Kopf, die Hände und die Füße. Eine einfache wissenschaftliche Tatsache.«

Fitch setzte sich auf. Er trug weder Mütze noch Handschuhe. »Mir ist kalt. Ich geh wieder rein.«

»Okay«, sagte Bird.

Fitch rutschte vom Auto. Es ächzte zwar unter seinem Gewicht, aber eine Delle gab es nicht.

»Lass dich nicht von Aliens entführen«, sagte er. Als er bei der Haustür war, drehte er sich noch mal um und fügte hinzu: »Und wenn doch, hau bloß nicht ohne mich ab.«

BIRD

Die unglaublichste Maschine von allen

Später am Abend schenkte Fitch Bird eine seiner alten Kassetten. Die würde er sowieso nie mehr anhören, meinte er.

»Also kann ich ihren Körper genauso gut der Wissenschaft zur Verfügung stellen«, sagte er und hielt die Kassette fast zärtlich in den Händen, wie eine tote Maus.

Bird legte sie unter die Lampe auf ihren Schreibtisch, neben den stetig wachsenden Stapel von Schemazeichnungen.

»Warum machst du dieses Zeug? Das wirkt so langweilig«, fragte Fitch gar nicht mal unfreundlich und schnippte mit dem Daumen auf eine Zeichnung.

Bird setzte einen winzigen Schraubenzieher in die oberste Ecke der Kassette, dem Soundtrack zu *Rocky*, wie sie jetzt sah. Das brachte ganz deutlich die Erinnerung an einen Streit ihrer Eltern zurück, den sie schon längst vergessen hatte. Sie, Cash und Fitch waren fertig angezogen fürs Kino, sie wollten zusammen *Rocky IV* anschauen. Der Film sollte um dreizehn Uhr anfangen, aber ihre Eltern stritten weit über diese Zeit hinaus, und bis es im Haus wieder still war, hatten sich alle in ihre eigenen Umlaufbahnen zurückgezogen. Ins Kino schafften sie es gar nicht mehr. Bird hatte den Film immer noch nicht gesehen, aber Devonte meinte, er wäre sowieso blöd gewesen, also hatte sie wohl nicht viel verpasst.

Der erste *Rocky* war früher mal Fitchs Lieblingsfilm gewesen. Bird fragte sich, ob das immer noch galt.

»Ich weiß nicht«, sagte sie. »Wahrscheinlich aus dem gleichen Grund, warum du Videospiele machst.«

»Zocken bringt Spaß. Aber das hier?« Er verzog die Nase. »Das ist doch wie Hausaufgaben.«

Bird zuckte mit den Achseln und drehte den winzigen Schraubenzieher gegen den Uhrzeigersinn – langsam, ganz langsam. Es konnte leicht passieren, dass Einzelteile von Maschinen verloren gingen, besonders bei so kleinen Sachen wie dieser hier. Und manchmal machte das kleinste Teil den größten Effekt.

»Ich glaub, ich schau mir einfach gerne an, wie Sachen funktionieren«, sagte sie.

»Ich weiß, wie eine Kassette funktioniert. Du legst sie ein und drückst auf Play.« Fitch ging zur Tür.

»Willst du denn nicht sehen, wie das Ding innendrin aussieht?«, fragte Bird.

»Nö. Kannst du mir ja später zeigen.«

Na gut. Vielleicht war es sowieso am besten, wenn sie alleine weiterarbeitete. Auf die Art hatte sie Zeit zum Nachdenken. Die Geräuschkulisse des Basketballspiels und die Musik aus dem Ghettoblaster ihres Bruders verblassten, während sie die Bestandteile der Kassette studierte und eine neue Schemazeichnung anfertigte.

Das Gehirn war die unglaublichste Maschine von allen, überlegte sie, es tat so viele Dinge auf einmal. In diesem Moment zum Beispiel zeichnete Bird gleichzeitig den Mechanismus im Innern einer Musikkassette, dachte an den Halleyschen Kometen und rechnete. Ihren Kalkulationen zufolge würde der Komet nach diesem Jahr erst 2061 wieder erscheinen, und dann 2134. Sie konnte sich schon das Jahr 2000 kaum vorstellen – ein neues Jahrtausend! – und noch viel weniger die Jahre 2061 und 2134.

Bird: Was glaubst du, wie wird der Halleysche Komet von Nahem aussehen?
Judith Resnik: Ich weiß nicht. Wahrscheinlich spektakulär.
Bird: Wetten, von einem Space Shuttle aus betrachtet wirkt alles spektakulär.
Judith Resnik: Das stimmt.
Bird: Wie ist das überhaupt im All?
Judith Resnik: So als ob du gleichzeitig ganz weit weg und ganz nah dran wärst. Du schwebst durch eine Welt, die dir ganz alleine gehört, aber gleichzeitig auch allen.

Bird: Das macht aber nicht so richtig Sinn.

Judith Resnik: Stimmt. Aber das Leben auf der Erde auch nicht.

Bird: Das ist wahr. Mir kommt es mit jedem Jahr sinnloser vor. Manchmal hab ich das Gefühl, ich hätte eine Million Fragen, aber bei den meisten weiß ich gar nicht so richtig, worum es da geht. Und ich habe keinen, den ich fragen kann.

Judith Resnik: Du kannst mich fragen.

Bird: Na ja …

Judith Resnik: Mach dir keine Sorgen. Ich erzähl es schon keinem.

Bird: Ein Mädchen in der Schule hat gesagt, Hübschsein ist nicht mein Ding. Sie findet, mein Ding ist Schlausein. Ich weiß schon, dass ich schlau bin.

Judith Resnik: Was ist dann deine Frage?

Bird: Bin ich hübsch?

Judith Resnik: Ich finde ja, Schlausein ist selbst was Hübsches.

Bird: Das ist keine richtige Antwort.

Judith Resnik: Kann sein. Aber ehrlich gesagt ist das eine Frage, die sich nicht beantworten lässt.

Bird: Warum nicht?

Judith Resnik: Weil es hübsch gar nicht gibt.

Bird: Das ist nicht wahr. In meiner Schule ist ein Mädchen, Rachel. Alle finden sie hübsch.

Judith Resnik: Okay. Und wer ist hübscher – Rachel oder Dani?

Bird: Das lässt sich nicht sagen. Die beiden sind ganz verschieden.

Judith Resnik: Genau. Hübsch ist nichts Reales, Bird. Da schaut ein Mensch einen anderen an und sagt Ja oder Nein, auf der Basis von persönlichen Urteilen. Und flüchtig ist das sowieso. Wie der Wind – die Gesellschaft findet im einen Moment jemanden hübsch, dann wird entschieden, dass das nicht mehr hübsch ist, und jeder lässt sich weitertreiben. Hübsch ist gar nichts. Hübsch ist unsichtbar. Hübsch ist, was du daraus machst.

Bird wiederholte das in ihrem Kopf: *Hübsch ist nichts. Hübsch ist unsichtbar. Hübsch ist, was du daraus machst.*

Wenn sie es sich oft genug vorsagte, konnte sie es vielleicht wahr werden lassen.

BIRDS BLICK AUF DIE WELT: MUSIKKASSETTE

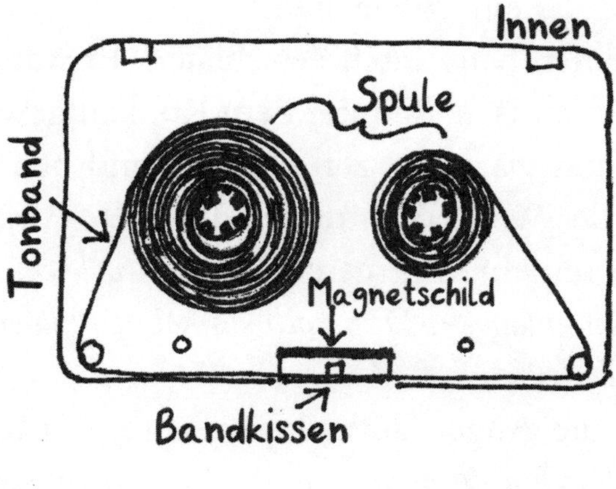

Montag, 13. Januar 1986

FITCH

Ein großartiger Start in den Tag

Schon der Morgen hatte nicht gut angefangen. Vielleicht war das ein Vorzeichen.

Zum einen hatte Fitch verschlafen. Er war mit *In den Weiten des Weltalls* unter dem Kopf aufgewacht – der Einband war ganz zerknickt –, und beim Losschrillen des Weckers hatte sich der letzte Absatz des Buchs in seinen Kopf geschlichen: *Vielleicht kannst du von vorn anfangen. Dich noch einmal neu materialisieren. Versuch es.*

Als er die Augen aufschlug, war sein erster Gedanke: *Ich will nicht in die Schule.* Das war oft sein erster Gedanke, aber heute füllte der Satz wie ein Mantra alle Winkel seines Gehirns. So blieb er zwanzig Minuten einfach liegen und hörte, wie sich die anderen durchs Haus bewegten. Ihm war klar, dass seine

Mutter früher oder später ärgerlich seinen Namen rufen würde – etwas, das ihn immer bis auf die Knochen reizte.

Und genau das geschah natürlich.

»Fitch! *FITCH!*«

Er überlegte, ob er sich krank stellen und über Kopfweh, Bauchweh oder sonst irgendwas jammern sollte. Aber dann müsste er sich mit seinen Eltern herumschlagen. Sie waren misstrauisch. Und wenn einer Ja sagte und der andere nicht, wäre das gleich wieder ein Riesending.

Das war es nicht wert.

Schnell machte er sich fertig, aber nicht schnell genug für seine Eltern, das war ja klar.

»Es ist furchtbar rücksichtslos von dir, Fitch, dass du die ganze Familie warten lässt«, schimpfte seine Mutter, während alle ihre Winterjacken anzogen. »Weißt du, die Welt dreht sich nicht um dich.«

»Für dich macht das doch keinen Unterschied, oder?«, sagte Fitch. »Schließlich bringt uns Dad zur Schule.«

»Darum geht es nicht.«

Mr. Thomas öffnete die Haustür. Ein kalter Windstoß fegte ins Haus. Cash und Bird verzogen sich schnell nach draußen.

»Es geht um deine Rücksichtslosigkeit. Du denkst immer nur an dich.«

»Für so was ist jetzt keine Zeit, Tam«, sagte sein Vater mit den Schlüsseln in der Hand.

Mrs. Thomas schlüpfte gerade in einen Handschuh, unterbrach sich aber mitten in der Bewegung. »Für was genau?«

»Was auch immer das hier sein soll«, erwiderte sein Vater.

Fitch trat nach draußen und bewegte sich rasch Richtung Auto, wo Bird und Cash warteten. Ein paar Häuser weiter kam eines der Nachbarmädchen – mit Familiennamen hieß sie Riley, der Vorname fiel Fitch nicht mehr ein – mit ihren Eltern aus der Tür. Das Mädchen war in der vierten oder fünften Klasse.

Fitch hoffte, dass der Streit seiner Eltern nicht bis nach draußen zu hören war. Wobei es nicht das erste Mal wäre.

»Weißt du, es wäre wirklich schön, wenn du mich gegenüber den Kindern ab und zu mal unterstützen könntest«, sagte seine Mutter, zerrte den zweiten Handschuh aus ihrer Jackentasche und zog ihn an. »Ich kann wirklich nicht brauchen, dass du mich vor ihnen zurechtweist.«

Sie schloss die Haustür und sperrte hinter sich ab.

»Ach ja, genau«, sagte Mr. Thomas auf dem Weg zum Wagen. »Du bist die perfekte Mutter, wie konnte ich das vergessen.« Er steckte den Schlüssel in die Fahrertür. Während das Schloss aufsprang, murmelte er irgendwas Unverständliches. Bestimmt irgendein saftiges Schimpfwort für ihre Mutter, vermutete Fitch.

»Ein großartiger Start in den Tag, Mike!«, rief ihre Mutter, während sie ihr eigenes Auto aufsperrte. »Sehr reif von dir!«

Cash, Fitch und Bird beeilten sich, in den Wagen zu kommen. Cash nahm den Beifahrersitz – irgendwie schaffte er es, immer vorne zu sitzen –, während Bird und Fitch hinten einstiegen. Fitch beobachtete, wie das Riley-Mädchen ins Auto ihrer Mutter stieg, und fragte sich, wie die Rileys wohl leben mochten. Im letzten Sommer hatte er ein paarmal den Rasen für sie gemäht. Mrs. Riley hatte immer fünf Dollar extra springen lassen.

»Ihr drei solltet mal anfangen, den Bus zu nehmen«, sagte ihr Vater nach ein paar schweigsamen Minuten. »Der hält doch direkt an der Ecke.«

Fitch schaute aus dem Fenster.

»Für mich wär das okay«, sagte Bird. »Vielleicht würde das –«

»Auf keinen Fall«, widersprach Cash. »Der Bus kommt, keine Ahnung, um sieben oder so. Ich hab keine Lust, schon um sieben Uhr in der Früh da vorne an der Ecke zu stehen.«

»Für mich wär's okay«, wiederholte Bird, diesmal leiser.

Fitch hatte keine Meinung zu dem Thema. Solange sie der Schule nicht entkommen konnten, war es ziemlich egal, ob sie mit dem Auto oder mit dem Bus hinfuhren, fand er.

In der Schule ging Fitch direkt zu seinem Schließfach, wo einen Augenblick später Vern auftauchte – er zuckte mit den Augenbrauen und grinste dumm vor sich hin.

»Stell dir vor«, sagte Vern an die Schließfächer gelehnt, während Fitch in seinen Sachen kramte.

»Was denn? Ist dir übers Wochenende ein zweiter Kopf gewachsen, oder was?«

Vern bewegte seinen Kopf von links nach rechts. »Merk ich jedenfalls nichts davon. Aber ich habe gestern mit Rachel Hill telefoniert!«

»Wie das denn?«, sagte Fitch. »Hat sie sich verwählt?«

»Ha, ha. Sehr witzig, du Arsch.«

Fitch wechselte immer wieder zwischen seinem Schließfach und dem Durcheinander in seinem Rucksack. Während Vern in einer Tour plapperte, formte sich in den Tiefen von Fitchs Hirn ein geheimer Wunsch und stieg an die Oberfläche. Er wünschte sich, sein Schließfach würde zum Portal, das sich plötzlich öffnete und ihn weit weg transportierte. Ihn zu Darth Vader im *Todesstern* machte. Oder sogar zu Luke mitten in der Wüste. Alles war besser, als hier in der Schule zu hocken und das Gequatsche von Vern ertragen zu müssen.

Fitch warf sich den Rucksack über die Schulter und nickte an den richtigen Stellen, während Vern redete und redete. Die Gereiztheit setzte sich in ihm fest, wurde größer und größer.

Vielleicht hatte es mit der Art zu tun, wie sich Vern heute benahm, total selbstzufrieden, als ob er irgendwas Großartiges vollbracht hätte.

Vielleicht lag es daran, dass Vern einfach nie die Klappe hielt.

Vielleicht aber auch an seiner Mutter, die ihn heute Morgen »rücksichtslos« genannt hatte.

»Und was hast du so gemacht am Wochenende?«, fragte Vern irgendwann.

»Nicht viel«, brummelte Fitch, was der Wahrheit entsprach, obwohl es gestern Nachmittag einen erstklassigen Moment gegeben hatte, als er zwei Vierteldollars in den Ritzen des Sofas gefunden hatte und noch mal drei unter einem Stapel alter Zeitungen.

Warum konnte das Leben nicht wie ein Videorecorder sein, mit Tasten zum Vor- und Zurückspulen? Dann würde er sich mit Fast Forward direkt in die Spielhalle begeben. Vorausgesetzt, Amanda war nicht da.

Apropos Amanda …

»Hey, Vern. Hey, Henry.« Lächelnd und mit einem angedeuteten Winken setzte sie sich auf ihren Platz. Sie sah anders aus heute, aber Fitch war nicht klar, warum, und er wollte sie auch nicht lange näher anschauen, um es herauszufinden. »Hattet ihr ein schönes Wochenende?«, fragte sie.

Fitch beschloss, die Frage zu ignorieren. Sollte Vern antworten, schließlich war er der große Mädchenheld.

»Ich auf jeden Fall«, sagte Vern. »Was ist mit dir, Henry?«

Vern trat von hinten gegen seinen Stuhl.

Fitch wippte mit dem Knie, auf und ab, auf und ab.

Andrea Blumenthal, die vor Amanda saß, schaute mit einem wissenden Lächeln auf ihn und Amanda. Das Lächeln glich dem von Rachel. Fitch konnte praktisch ihre Gedanken lesen. *Ihr seid ein süßes Paar.*

Er murmelte etwas, das entfernt nach »Ja« klang.

Diese Henry-Geschichte lief langsam aus dem Ruder. Und zwar gehörig.

Ein wütendes Brausen pochte unter seiner Haut.

»Mein Wochenende war ganz okay«, sagte Amanda, obwohl keiner sie gefragt hatte. Und dann stürzte sie sich in eine atemlose Beschreibung von allem, was sie unternommen hatte – sie war mit ihrer Mutter shoppen gewesen, hatte neue Turnschuhe bekommen und Filme ausgeliehen –, während Fitch starr nach vorne schaute, auf einmal ganz fasziniert von Ms. Salonga, die in der Klassenzimmertür stand. Sein Knie wippte immer weiter, auf und ab, auf und ab, seine Haut brannte, an seinem Hals bildeten sich Schweißtropfen. Er hörte nichts von dem, was Amanda sagte, nur ein Wort stach immer wieder heraus und ließ seine Fingerspitzen Funken sprühen. *Henry, Henry, Henry.*

»... auch gern Filme, Henry? ... welche denn, Henry? ... was meinst du, Henry?«

Es war das letzte »Henry«, das abschließende »Henry« unmittelbar vor dem zweiten Klingeln, das Fitch zum Platzen brachte. Den Schalter umlegte. Seinen ganzen Körper in Brand setzte. Er schoss mit so viel Karacho von seinem Stuhl hoch, dass der Tisch wankte und ein Stück wegrutschte, und drehte sich zu ihr, zu dieser Amanda, dem Mädchen, das erst seine Vormittage ruiniert hatte und jetzt auch noch die Nachmittage, dem Mädchen mit den runden Backen und den buschigen Haaren, dem Mädchen, das partout nicht die Klappe halten konnte über sein rotes Gesicht, das Skee-Ball spielte und ihm Aufkleber schenkte, und jetzt merkte Fitch, warum sie anders aussah – sie trug Make-up, *Make-up*. Sein Gesicht glühte. Er ballte die Fäuste, nahm einen schnellen, tiefen Atemzug und brüllte mit der geballten Wucht seiner rasenden Wut: »Ich heiße Fitch, du FETTE, DÄMLICHE KUH! *Fitch!* Und wenn wir schon über Namen reden – der beste für dich ist Chewbacca!«

Spucke flog aus seinem Mund und landete auf seinem Kinn. Er nahm sein Heft, das mit dem TIE-Fighter, mit dem alles angefangen hatte, und schleuderte es durchs Zimmer. Es prallte gegen einen von Ms. Salongas Bücherschränken, die Seiten flatterten kurz wie Schmetterlingsflügel, dann landete es mit den Seiten nach unten auf dem Boden. Jemand schrie auf – ein kurzer, schneller Schreckensschrei –, dann klingelte es und alles war still, so als wäre er in die große Leere des Weltalls eingetreten. Irgendwer lachte. Und dann lachten auf einmal alle über das, was Fitch zu Amanda gesagt hatte, und das machte ihn noch wütender. Jemanden auszulachen war schrecklich. Aber er war derjenige, der die Worte überhaupt erst ausgesprochen hatte.

Amandas Gesicht war ein Durcheinander von Kreisen. Große Augen, der Mund wie ein O. Sie wirkte wie eingefroren. Aber dann bewegte sich doch etwas an ihr. Ihre Augen glitzerten unter den Blautönen ihres neuen Lidschattens. Nein, sie glitzerten nicht. Sie waren nass. Tränen sammelten sich darin. Und ihre Unterlippe zitterte.

Ms. Salongas Stimme bahnte sich von weit weg einen Weg in Fitchs Hirn.

»Fitch Thomas«, sagte sie. »Raus auf den Gang. Sofort.«

Aber Amanda war diejenige, die den Raum verließ – schnell und mit großen, ungeschickten Schritten. Ihre Bewegungen waren plump, sie geriet ins Stolpern und ihr Fuß landete auf Fitchs ausgebreitetem Heft, einen Moment lang schwankte sie wie eine Comicfigur und alle im Raum hielten den Atem an, dann rutschte sie weg und stürzte. Jemand machte ein Geräusch – eine Art ersticktes Keuchen, vielleicht kam es von Amanda, das war schwer zu sagen –, dann streckte sie ihre rundlichen Arme, um sich wieder hochzurappeln. Ms. Salonga wollte ihr helfen, doch Amanda griff nicht nach den Händen der Lehrerin, sondern stützte sich stattdessen am Bücherschrank ab. Dann kam sie auf die Füße und war im nächsten Moment weg. Ms. Salonga lief ihr hinterher, doch vorher schoss sie noch einen Blick auf Fitch ab, den er – das wusste er noch im selben Moment – sein Leben lang nicht vergessen würde.

Ms. Salonga redete oft darüber, wie wichtig Blickkontakt war.

Menschen müssen sich gesehen fühlen, sagte sie immer.

Er war still und starr.

Die anderen auch.

Keiner lachte mehr.

Keiner holte auch nur Luft.

CASH
Alle überbieten

Im Krieg und in der Liebe ist alles erlaubt. Keine Regeln. Der Stärkere setzt sich durch.

Es war Zeit fürs Überbieten. Er musste Penny zeigen, warum sie lieber Cash Nelson Thomas <3 sollte als irgendeinen Charlie.

Dabei gab es allerdings ein Problem.

Cash konnte keinen überbieten.

Mal ehrlich. Charlie war Einserschüler. Gut möglich, dass er furchtbar schlecht in Sport war, aber was machte das schon? Cash war selbst nicht gerade Moses Malone.

Was dann?

Er würde seinem Instinkt vertrauen müssen.

Zum Glück sorgte Ms. Salonga für die perfekte Gelegenheit.

Wobei Cash ehrlich gesagt die meiste Zeit gar nicht auf das hörte, was sie sagte, bis sie auf einmal verkündete: »Ich möchte, dass ihr Paare bildet. Einer von euch nimmt ein Blatt Papier, zieht in der Mitte eine vertikale Linie – denkt dran, vertikal ist von oben nach unten, horizontal ist quer über die Seite – und schreibt auf eine Seite oben hin ›Menschen‹. Auf die andere Seite schreibt ihr ›Maschinen‹. Dann notiert ihr in jeder Spalte das Für und Wider.« Sie machte es an der Tafel vor. »In welcher Hinsicht sind Menschen besser als Maschinen und umgekehrt? Welche Vorzüge haben die einen im Vergleich zu den anderen? Denkt euch so viele Gründe aus, wie ihr könnt.«

Penny drehte ihren Tisch um, damit sie ihm gegenüber sitzen konnte, und als sie wieder Platz nahm und ihn anstrahlte, wurde ihm ganz elend. Einen Moment lang glaubte er, er müsste sich übergeben.

Penny nahm ein sauberes Blatt Papier und bereitete es vor. Auf das i in »Maschinen« machte sie statt einem Punkt einen perfekten kleinen Kreis.

»Mir fallen da schon ein paar Sachen ein«, sagte sie. Unter »Maschinen« schrieb sie »logischer«. »Und dir?«

Cash starrte das Blatt an. »Äh«, sagte er. »Maschinen sind … zuverlässiger, denk ich mal?«

Penny schüttelte den Kopf. »Ich finde Menschen zuverlässiger. Maschinen gehen doch dauernd kaputt.«

»Oh.« Cash zuckte mit den Achseln. »Ja, da hast du wohl recht.«

Sie schrieb »zuverlässiger« unter »Menschen«.

»Menschen … mhm … die wissen, was sie tun. Sagen wir mal, die können eine Situation von allen Seiten betrachten. Also machen sie nicht so viele Fehler, könnte doch sein, oder?«, sagte Cash. »Maschinen können Fehler machen.«

Wieder schüttelte Penny den Kopf. »Nein. Das ist umgekehrt. Menschen machen Fehler, aber Maschinen tun das nie.«

»Oh«, machte Cash.

Sie schrieb »Machen nie Fehler« unter »Maschinen«.

»Also …«, sagte Cash, während sie noch einen ihrer perfekten kleinen Kreise über das i setzte. »Was hast du am Wochenende gemacht?«

»Mit meinen Eltern einen Film angeschaut. *Geschenkt ist noch zu teuer.*«

»War der gut?«

»Ziemlich witzig jedenfalls. Ich wollte ja *Die Hor-*

ror-Party sehen, aber meine Eltern haben das nicht erlaubt.« Sie tippte mit ihrem Stift aufs Papier und starrte etwas über seinem Kopf an, als wäre sie in Gedanken weit weg. Wollte sie sich etwa im Ernst auf diese komische Aufgabe konzentrieren?

»War Charlie auch dabei?« Lässig, ganz lässig.

»Charlie? Oh. Nein.«

»Wie lange seid ihr überhaupt schon zusammen?«

Sie sah ihn an und lächelte. »Nächste Woche sind es zwei Monate.«

Zwei Monate.

Das war viel länger, als Cash gedacht hatte.

Er fragte sich, ob sich die beiden schon küssten.

Letztes Jahr hätte er beinahe Stephanie Browne geküsst. Sie hatten ein ganzes Basketballspiel lang nebeneinandergesessen und wollten zusammen zum Getränkestand. Auf dem Weg dorthin waren sie durch eine Seitentür nach draußen geschlüpft, weil Stephanie fand, die Luft in der Sporthalle wäre furchtbar schlecht, es würde so nach Füßen miefen. Sobald sie keiner mehr sehen konnte, beugte er sich vor, um sie zu küssen, aber sie machte auf einmal einen Schritt zurück und sagte, sie wollte wieder nach drinnen. Ihr Gesicht war rot angelaufen, knallrot, aber er hatte nichts gesagt. Ehrlich gesagt war er teilweise auch erleichtert. Sein Magen war ganz verknotet gewesen.

Aber inzwischen war er der Einzige unter seinen Freunden, der noch nie ein Mädchen geküsst hatte.

Brant hatte im Sommer vor der sechsten Klasse Julianne Whatley geküsst, und Kenny war in der siebten drei Monate mit Rachel Hill zusammen gewesen. Die überholten ihn bei allem, und je weiter die Zeit voranschritt, desto schlimmer wurde es. Nächstes Jahr kämen die beiden in die Highschool, und wo wäre er? Immer noch in so einem dämlichen Klassenzimmer an der Park Middle School.

»Der ist schon eher ein Depp, findest du nicht?«, sagte Cash.

Das kam vollkommen unerwartet. Als hätte sein Kopf die Kontrolle über seinen Mund verloren. Er war sich nicht mal sicher, ob er Charlie *wirklich* für einen Depp hielt. Vielleicht schon. Aber Cash hätte nie gedacht, dass er so was zu Penny sagen würde.

Penny blinzelte ihn an. »Wie meinst du das?«

Cash steckte die Arme unter den Tisch. Er wollte nicht, dass ihr der widerliche Schweißgeruch in die Nase stieg, der von seinem Gips ausging.

»Ich sag's ja nur. Er ist ein Depp. Wundert mich, dass du mit ihm zusammen bist.«

Überbieten konnte er Charlie in nichts, aber ihn so weit runtermachen, dass Penny ihren Irrtum einsah, das konnte er sehr wohl.

Im Krieg und in der Liebe –

»Ich mag ihn gern«, sagte Penny. Ihr Mund bildete jetzt eine angespannte Linie. »Mir ist egal, ob jemand wie du findet, er wäre ein Depp.«

Jemand wie du.

Was sollte das heißen?

Er war sich nicht sicher, was für eine Antwort er erwartet hatte, aber bestimmt nicht diese.

»Was soll's«, sagte er. »Kümmert mich ehrlich gesagt nicht, mit wem du zusammen bist.« Er lehnte sich zurück und hob die Hand. Zeit für einen Abbruch der Mission, egal mit welchen Mitteln. »Ms. Salonga, kann ich auf die Toilette?«

Ms. Salonga blickte von Craig Bakers Tisch auf, wo sie Fragen beantwortete. »Kann das nicht bis nach dem Unterricht warten? Mir ist wichtig, dass ihr euren Arbeitsauftrag abschließt.«

»Wir sind sowieso fast fertig, Ms. Salonga«, sagte Penny. Ihre Stimme klang angestrengt. Verärgert.

Ms. Salonga seufzte. »Na gut. Aber komm gleich zurück.«

Er kam nicht gleich zurück. Kaum dass er draußen auf dem Gang war, wurde ihm bewusst, wie dringend er wegwollte. Er hasste die Schule. Er versuchte, dieses Wort nicht allzu oft zu benutzen – seine Mutter hatte etwas dagegen, sie fand, Hass wäre so ein hässliches Wort –, aber für das, was er meinte, gab es keine bessere Bezeichnung. In den leeren Gängen hatte er Raum zum Atmen und fühlte sich ein bisschen wohler. Frei hier draußen herumzustromern kam ihm unwirklich vor. Wie ein Geheimnis, das nur ihm gehörte. Alle Schließfächer geschlossen. Keine quietschenden Schuhsohlen außer seinen eigenen.

Langsam lief er Richtung Toilette, obwohl er gar nicht musste. Dort angekommen, ging er hinein und kam gleich wieder heraus. Er hatte fest vor, langsam zurück zum Klassenzimmer zu schlendern, doch seine Füße trugen ihn in die entgegengesetzte Richtung. Wohin bloß? Das wusste er nicht.

Bei den Pokalschränken blieb er stehen. Nachdem er letztes Jahr aus der Mannschaft ausgeschieden war, war das Basketball-Team Champion in einem der Schulwettbewerbe geworden.

Blöd, dass es keine Pokale für Leute gab, die in einem Affentempo quer über den Platz rennen konnten, ohne je einen Treffer zu landen. Darin wäre er nämlich der Größte.

Es gab auch Pokale für Buchstabier- und Quiz-Wettbewerbe oder für besondere akademische Leistungen. In der Vitrine waren auch Schwarz-Weiß-Fotos von Schülern ausgestellt, die bei einer Naturwissenschaftsmesse den ersten Preis gewonnen hatten. Blinzelnd betrachtete Cash die Gesichter und fragte sich, wie es sich wohl anfühlte, jemand zu sein, der freiwillig bei solchem Schulkram mitmachte. Er konnte sich das nur schwer vorstellen – es war fast so unvorstellbar wie seine Mutter ganz oben auf einer Cheerleader-Pyramide.

Als ein Stück den Gang hinunter eine Tür aufklappte, tat er wieder so, als wäre er auf dem Weg zur Toilette. Nachdem er ein paar Schritte in die entsprechende Richtung gegangen war und merkte, dass ihm niemand folgte, trödelte er wieder herum und überlegte, was er als Nächstes tun könnte.

Ah, der Trinkbrunnen. Gute Idee. Cash ging darauf zu, immer noch langsam, und drückte auf den Knopf. Er beugte sich vor, als würde er wirklich große, genüssliche Schlucke nehmen, aber in Wirklichkeit ließ er das Wasser einfach hochsprudeln und dann in den Abfluss laufen. Wasser aus solchen Brunnen trank er nur, wenn es gar nicht anders ging. Es schmeckte widerlich. Irgendwie metallisch, als würde man einen Haufen Münzen schlucken.

Okay. Und was jetzt?

Er bummelte weiter, weg vom Trinkbrunnen und von Ms. Salongas Klassenzimmer, weg von ihren Pseudo-Space-Shuttles und ihren vertikalen Listen. Seine Füße, die immer noch taten, was sie wollten, trugen ihn zum Vordereingang der Schule.

Was, wenn er einfach wegging?

Sich aus dem Staub machte?

Wenn er die Straße überquerte und nicht zurückkam, bis die Stunde vorbei war? Draußen war es furchtbar kalt, aber für zwanzig Minuten oder so würde er das schon aushalten, oder? Vielleicht könnte er ja rennen. Alles war besser, als in diesem dämlichen Klassenzimmer zu sitzen. Er würde ein paarmal um den Block laufen, frische Luft schnappen und beim nächsten Läuten schnell wieder zurückkommen.

»Tut mir leid, Ms. Salonga«, würde er sagen. »Mein Magen hat verrücktgespielt.«

Wahrscheinlich hatte sie nicht mal gemerkt, dass er immer noch weg war.

Er starrte die Tür an wie ein Gefangener, der von Freiheit träumt. Er war kurz davor, eine Entscheidung zu treffen – dachte er zumindest –, als er draußen beim Wendeplatz zum Abholen der Schüler das Auto seiner Mutter stehen sah.

Das ergab überhaupt keinen Sinn.

Zögernd machte er einen Schritt nach vorne und kniff die Augen zusammen, als hätte er es mit einer Fata Morgana zu tun.

Es war auf jeden Fall das Auto seiner Mutter. Da war die Beule, die Fitch vor Jahren gemacht hatte, als er aus Versehen mit seinem Kettcar gegen die Stoßstange gekracht war, und der Erdbeerkuchen-Sticker, den Bird an die hintere Scheibe geklebt hatte, als sie in der ersten oder zweiten Klasse war.

Aber was machte das Auto hier? Warum war seine Mom in der Schule? Er zerbrach sich den Kopf. Es war doch ein ganz normaler Montag.

Bestimmt war irgendwas mit Fitch oder Bird. Ob sie krank waren? Heute Morgen schien mit ihnen noch alles in Ordnung zu sein, aber wer weiß? Wahrscheinlich war es Fitch, und der zog bloß eine Show ab.

Vielleicht sollte er auch so tun, als ob er krank wäre?

Vielleicht war ihm ja *wirklich* genau jetzt furchtbar schlecht?

Er hielt sich den Bauch, spielte ganz ohne Publikum Theater und ging noch mal Richtung Toilette. Er betrat eine Kabine, lehnte sich gegen die Wand und stand einfach da. Lieber hätte er sich hingesetzt, aber es gab keine Klodeckel.

Er wäre so lange drin geblieben, bis er es nicht mehr aushielt, aber etwa fünf Minuten später ging die Tür auf und jemand sagte seinen Namen.

Es war Craig aus der Klasse von Ms. Salonga.

»Bist du da drin?«, fragte Craig.

Cash sagte nichts. Er kam sich reichlich blöd vor, wie er da in der verriegelten Toilettenkabine stand.

»Ja«, antwortete er schließlich.

»Ms. Salonga hat gesagt, ich soll dich holen«, erklärte Craig. Ihm war das anscheinend auch peinlich.

»Okay, ich komme.«

»Cool.«

Die Tür schloss sich wieder. Cash seufzte. Aber er hatte einen Beschluss gefasst: Er würde Ms. Salonga sagen, er sei krank. Magen-Darm-Verstimmung. Das passte immer. Halsschmerzen, eine laufende Nase oder Fieber ließen sich schlecht vortäuschen. Aber Bauchschmerzen? Da musste man bloß ein bisschen rumjammern und stöhnen, das war kein großes Ding.

Und Mom war sowieso schon da. Da machte es ja wohl keinen großen Unterschied, oder?

Bis er zum Klassenzimmer zurückkehrte, hatte er schon allerhand Pläne für den Tag gemacht – Junkfood auf dem Sofa und ein Film. Sein Vater hatte sich fürs Wochenende *Rambo* ausgeliehen, der Film lag noch auf dem Videorecorder.

Im Klassenzimmer schoben alle die Tische zurück an ihren Platz, und nach dem Läuten winkte Ms. Salonga ihn zu sich. Er achtete darauf, wie jemand zu laufen, der schlimme Bauchschmerzen hat. Gleich wenn er bei ihr ankam, wollte er sich ins Sekretariat schicken lassen, aber sein vorbereitetes Sätzchen löste sich auf, als sie das Wort ergriff.

»Du hast die Hälfte der Stunde geschwänzt«, sagte sie.

Anscheinend hatte sie es doch gemerkt.

Cash antwortete nicht. Was hätte er auch sagen können? Es war eine Feststellung, keine Frage.

Trotzdem suchte er in Gedanken ein paar Worte für eine Erwiderung zusammen. *Mir geht's nicht gut, Ms. Salonga. Ich muss …*

»Du hast deine Aufgaben nicht alle abgegeben«, sagte Ms. Salonga. Sie sah ihm direkt in die Augen und zog die Brauen hoch. »Und deine Noten werden schlechter.«

Typisch Lehrer, die interessierten sich nur für Aufgaben und für Noten. Mal im Ernst, hatten die denn kein *Leben*? Waren die Noten von Cash Nelson Thomas so wichtig für Ms. Salonga, dass sie unbedingt nachbohren musste?

»Meine Naturwissenschaftsnote war schon immer schlecht, also …« Er wusste nicht, wie er den Satz beenden sollte.

»Aber du hattest eine Note, mit der du die Klasse geschafft hättest, Cash«, sagte sie. »Jetzt sieht es eher so aus, als könntest du durchfallen.« Sie machte eine Pause. »Ist bei dir alles okay?«

Nach und nach kamen die Schülerinnen und Schüler für die nächste Stunde in Ms. Salongas Klassenzimmer. Auch Jessica, die jüngere Schwester von Brant, und ihre beste Freundin, die auch Jessica hieß. Ihren Nachnamen wusste er nicht mehr. Vielleicht Diaz? Sie lächelte ihn an. Er nickte ihr zu und drehte sich wieder zu Ms. Salonga.

»Ist halt schon schwierig, mit dem Gips Hausaufgaben zu machen und so«, sagte Cash.

Seine Füße juckten, sie wollten unbedingt weg.

»Das mit dem Gips meine ich nicht.« Sie senkte die Stimme. »Hör mal. Du sollst wissen, dass du jederzeit zu mir kommen kannst, wenn irgendwas ist.«

Oh mein Gott.

Etwas Peinlicheres war ihm im ganzen Leben noch nicht passiert.

Und als könnte es nicht noch schlimmer werden, kam Bird genau in dem Moment durch die Tür. Auf dem Weg zu ihrem Platz schaute sie ihn fragend an.

»Das ist alles, Cash«, sagte Ms. Salonga.

Er machte, dass er wegkam.

BIRD
Wenn Brüder Maschinen wären

Bird und Cash hatten keine Gemeinsamkeiten. Er war für sie ein Rätsel. Sie hatten dieselben Eltern und wohnten im selben Haus, trotzdem war er für sie wie ein seltsames Puzzle: Sie konnte die Einzelteile zwar zusammensetzen, verstand aber das Bild nicht, das dabei entstand. Wenn er eine Maschine wäre, wäre er irgendwas Einfaches, das nicht immer zuverlässig funktionierte, wie der Nadeldrucker, bei dem ständig das Farbband streikte. Oder irgendwas Heißes, das Funken sprühte.

»Bird, hast du das von deinem Bruder gehört?« Der Flüsterton von Jessica Brantley, genannt JB, war so laut, dass alle, die schon im Klassenzimmer waren, ihre Frage hörten.

Dani, Devonte und ein paar andere schlenderten herein. Bird warf einen Blick auf Ms. Salonga, die ihre Schüler zur dritten Stunde begrüßte.

»Wer? Cash?«, fragte Bird und spähte zur Tür, durch die ihr Bruder eben verschwunden war.

Jessica Diaz griff den Faden auf.

»Der ist heute Morgen total ausgeflippt«, erzählte sie. »Er hat Amanda Piper vor allen Leuten wüst beschimpft. Sie wäre eine Kuh und so. Ich hab gehört, die mussten sogar die Polizei holen.«

Fitch.

»Das mit der Polizei stimmt nicht«, sagte Dani, während sie ihren Rucksack öffnete, und verdrehte die Augen. »Er musste nur zum Direktor.«

Devonte drehte sich um.

»Wer musste zum Direktor?«

»Birds Bruder, Fitch«, sagte JB und schnippte ihre blonden Haare zurück. »Er ist im Unterricht ausgeflippt. Hier bei Ms. Salonga. In der ersten Stunde.«

»Aber … warum?«, fragte Bird.

»Ist doch egal, oder?«, sagte Jessica Diaz. »Niemand verdient es, vor der ganzen Schule als fette Kuh beschimpft zu werden.«

»Ich hab gehört, sie hätte ihm vorher selbst irgendwas Fieses an den Kopf geworfen«, sagte die andere Jessica.

»Was denn?«

Die beiden Jessicas zuckten mit den Achseln.

Es gab noch viel mehr, was Bird wissen wollte – sie hatte mindestens hundert Fragen –, aber die zweite Klingel beendete das Gespräch. Ms. Salonga begann gleich mit dem Unterricht. Bird suchte ihr Gesicht nach Hinweisen auf irgendetwas Schlimmes ab, das sich vor zwei Stunden ereignet hatte, aber die Lehrerin wirkte wie immer.

»Die *Challenger*-Mission, die Ende des Monats beginnt, wird durch die außergewöhnlichen Fähigkeiten von Menschen und Maschinen möglich gemacht«, erklärte Ms. Salonga. »Natürlich bauen wir Maschinen genau zu dem Zweck, dass sie Dinge bewerkstelligen, die wir selbst nicht tun können, oder um Abläufe effizienter zu gestalten. Es wird viel darüber geredet, ob uns das langfristig nutzt oder schadet. Diese Diskussion wird schon seit der Industrialisierung … Ja, Christopher?«

»Was bedeutet effizient?«

Ms. Salonga zog das Wörterbuch aus ihrem Regal und redete weiter. »Wenn die Menschheit sich technisch nicht ständig weiterentwickeln würde, wären Dinge wie Telefonapparate, Videorecorder oder Stereoanlagen nicht möglich. Und schon gar nicht wären wir in der Lage, ein Raumschiff hoch ins All zu schicken!« Sie legte Christopher das Wörterbuch auf den Tisch. »Aber genauso, wie Menschen manche Dinge nicht können, haben auch Maschinen ihre Schwächen. Das wird in der ersten Hälfte der heutigen Stunde unser Thema sein. Ich möchte, dass ihr paarweise mit jemandem aus eurem Team zusammenkommt und gemeinsam zwei Listen macht.«

Schon wurden Tische herumgerückt, auch der von Devonte.

»Bitte unterteilt euer Blatt mit einem vertikalen Strich in der Mitte«, sagte Ms. Salonga. »Auf die eine Seite sollt ihr – ja, Jessica?«

»Vertikal, ist das quer oder von oben nach unten?«, fragte Jessica Diaz.

»Von oben nach unten«, antwortete Ms. Salonga. »Auf die eine Seite schreibt ihr ›Menschen‹ und auf die andere ›Maschinen‹. Dann diskutiert ihr untereinander, in welcher Hinsicht jede der Seiten besser oder schlechter ist als die andere. So ähnlich wie bei einer Pro-und-Contra-Liste.«

Als Devonte und Bird sich gegenübersaßen, beugte sich Devonte vor und sagte: »Das mit deinem Bruder tut mir leid, Bird.«

Ihr war nicht nach Lächeln zumute, aber sie tat es doch.

»Ich bin sicher, dass es dafür eine Erklärung gibt«, sagte sie, obwohl sie kein bisschen sicher war.

Sie dachte über Amanda Piper nach. Amanda war groß und ungeschickt und hatte nicht viele Freunde. Manche in der Schule machten sich lustig über sie und riefen ihr immer wieder fiese Sachen hinterher. Fitch anscheinend auch. Bird hatte noch nie mit ihr gesprochen, aber sie wirkte nett. Auf gar keinen Fall wie jemand, der es verdiente, eine fette Kuh genannt zu werden.

Aber wer verdiente das schon?

Bird wartete, bis alle anderen ihr Aufgabenblatt abgegeben hatten, bevor sie mit ihrer und Devontes Liste ans Lehrerpult trat.

»Ms. Salonga«, sagte Bird leise. »Darf ich Sie etwas fragen?«

»Geht es um die Aufgabe oder um etwas anderes?«, wollte Ms. Salonga wissen.

»Mhm, um was anderes.«

Ms. Salonga ging mit Bird raus auf den Gang. Es

war seltsam, mit einer Lehrerin in völliger Stille auf der anderen Seite der Tür zu stehen. Der Rest der Klasse schaute den beiden durch den Fenstereinsatz neugierig hinterher, wie immer, wenn jemand zu etwas Mysteriösem herausgegriffen wurde, zum Beispiel einem privaten Gespräch mit der Lehrerin.

»Ist alles in Ordnung?«, fragte Ms. Salonga. Sie trug heute eine ihrer Bananenspangen, und ihre Lippen waren pink angemalt. Bird stellte sich vor, Ms. Salonga würde ihr beibringen, wie man so eine Haarspange richtig benutzte und sich am besten schminkte. Ein seltsamer Gedanke, und er kam wie aus dem Nichts.

An der Wand zwischen Ms. Salongas Klassenzimmer und den Schließfächern hing ein Pappmodell des Space Shuttles, fast eineinhalb Meter hoch. Bird drückte abwesend mit dem Zeigefinger auf einen losen Klebstreifen.

»Jemand hat irgendwas über meinen Bruder erzählt …«, begann sie. »In der Stunde bei Ihnen.«

Ms. Salonga nickte. Anscheinend war sie nicht überrascht.

»Ich meine Fitch«, sagte Bird. »Ich hab gehört, er hätte jemanden angebrüllt … keine Ahnung. Und dass die Polizei kommen musste.«

»Die Polizei!« Ms. Salonga schüttelte den Kopf. »Niemand hat die Polizei gerufen. Dein Bruder wurde nach einem Gefühlsausbruch ins Sekretariat geschickt, das ist alles.«

»Oh.« Bird nickte. Ihr Zeigefinger bewegte sich zum nächsten losen Klebstreifen.

»Ist alles okay, Bird?«, fragte Ms. Salonga. »Bei euch zu Hause, meine ich? Und überhaupt?«

»Schon, ja. Ich wollte bloß wissen, ob Fitch okay ist. Und … na ja, auch wer sonst noch damit zu tun hatte.« Bird dachte an Amanda.

Ms. Salonga atmete ein. »Und was ist mit dir? Wie geht es dir?«

Bird zuckte mit einer Schulter. »Mir geht's gut. Ich mach mir Sorgen um meine Brüder. Nicht nur um Fitch, auch wegen Cash. Ich will nicht, dass er noch mal durchfällt, und ich –«

»Das verstehe ich alles gut, Bird«, sagte Ms. Salonga sanft. »Aber ich habe nach *dir* gefragt. Wie geht es *dir*?«

»Oh.« Bird ließ ihre Hand sinken. »Mit mir ist alles in Ordnung.«

Ihr war nicht nach lächeln zumute.

Aber sie tat es doch.

MENSCHEN	MASCHINEN
– anpassungsfähiger	– zuverlässiger
– zu emotional	– objektiv
– machen Fehler	– sehr logisch
– unberechenbar	– werden nicht müde
	– beschweren sich nicht
	– stärker
	– arbeiten schneller
	– machen nie Fehler
	– man weiß immer, was passieren wird

– Bird Thomas

– Devonte Harris

FITCH
Wenn, dann

Wenn er gar nicht erst in die Schule gegangen wäre, dann wäre nichts passiert.

Wenn Amanda ihn mit seinem richtigen Namen angesprochen hätte, dann wäre er nie ausgerastet.

Wenn Vern ihn mit seinem ständigen Gequatsche nicht so genervt hätte, dann hätte er nicht so furchtbar schlechte Laune gehabt.

Wenn, dann. Wenn, dann.

Dieses Wenn-dann-Spielchen ließ sich endlos weitertreiben, aber an dem, was *jetzt* war, änderte es rein gar nichts. Jetzt saß er im Wohnzimmer seiner Mutter gegenüber. Er konnte sich nicht mehr erinnern, wann sie das letzte Mal nur zu zweit gewesen waren. Der Uhr über dem Fernseher nach sollte er sich eigentlich zur dritten Stunde aufmachen und die Minuten bis zum Schulschluss zählen. Stattdessen hockte er zwischen herrenlosen Stapeln von Werbepost auf dem Sofa fest, mit seiner Mutter, die »mal ein ernstes Wörtchen« mit ihm reden wollte.

Na dann los, dachte Fitch. *Erzähl mir, wie rücksichtslos ich bin.*

Eins allerdings war seltsam: Er wusste, dass er im Unrecht war. Ihm war vollkommen klar, wie grausam er sich verhalten hatte. Trotzdem war er immer noch wütend. Nicht auf sich selbst, nicht auf Vern, nicht mal auf Amanda Piper. In diesem Moment war er wütend auf seine Mutter. Er verstand nicht, warum. Vielleicht lag es an der Art, wie sie dasaß und ihn mit diesem furchtbar enttäuschten Gesichtsausdruck musterte.

»Ich versteh nicht, was in dich gefahren ist«, sagte sie. »Wie konntest du das jemandem antun? Als Kind hattest du so ein großes Herz. Ich kann das nicht fassen.«

Fitch richtete seine Aufmerksamkeit auf das Wirrwarr von Briefumschlägen, die neben seiner Mutter lagen. Und auf das Sofakissen, an dem sich ein paar Fäden gelöst hatten.

»Du weißt genau, dass wir so eine Art zu reden nicht gutheißen«, fuhr sie fort.

Fitchs Hirn spulte zurück zu der Szene am Morgen. *Ein großartiger Start in den Tag, Mike! Sehr reif von dir!* Und dazu das Wort, das sein Vater benutzt hatte, als er den Wagen aufschloss.

Erwachsene waren so scheinheilig.

Das wollte er gerne sagen, wollte es laut aussprechen, aber auf einmal fühlte er sich wie ein Betonblock. Er konnte nicht sprechen, sich nicht bewegen. Sollte sie doch denken, was sie wollte. Er kannte die Wahrheit. Aber er würde kein Wort sagen. Kein einziges. Es nützte sowieso alles nichts.

»Und bild dir bloß nicht ein, du könntest in der Spielhalle rumhängen, solange du nicht in der Schule bist«, erklärte sie.

Er war für drei Tage suspendiert worden. Wie seine Mutter ihm vorhielt, war bis dahin noch nie eins der Nelson-Thomas-Kinder vom Unterricht ausgeschlossen worden. Als ob er das nicht wüsste.

Ihm Sachen unter die Nase reiben, die er schon wusste, das taten seine Eltern gerne.

Seine Mutter beugte sich vor, senkte den Kopf und rieb sich die Schläfen. »Ihr Jungs macht mir so viel Stress. Ich brauche dringend Urlaub.«

Fitch dachte an sein Schließfach und wie sehr er sich danach gesehnt hatte, es wäre ein Portal und würde ihn irgendwo anders hintransportieren.

»Bist du fertig?«, sagte er. »Ich will in mein Zimmer.«

Sekunden vergingen. Sie schaute nicht auf.

»Geh«, sagte sie schließlich.

Und das machte er.

BIRD
Ein Hoch auf die nächste Judith Resnik

Als Dani Logan sie einlud, zum Abendessen zu bleiben, fragte sich Bird, wie das wohl ablaufen würde.

Würden sich alle ihr Essen aus der Küche holen und dann getrennte Wege gehen, so wie bei ihnen zu Hause? Das bezweifelte Bird. Vielleicht weil der Esszimmertisch so sauber und leer war. Oder weil Danis Eltern gemeinsam kochten.

Es gab Hackbraten und Kartoffelbrei. Nachdem sie sich Essen auf den Teller getan hatte – sie achtete sorgfältig darauf, sich nicht zu viel zu nehmen –, ging Bird hinter Dani her zum Tisch. Die beiden Mädchen saßen auf der einen Seite, Mr. und Mrs. Logan auf der anderen. Danis Mutter war klein und rundlich, sie hatte genau die Figur, vor der sich Ms. Nelson Thomas so entsetzlich fürchtete. Mr. Logan hatte eine eckige Nase, genau wie Dani.

»Wir haben vor einer Weile jemand Neuen eingestellt, und ich muss ihn einarbeiten«, erzählte Mr. Logan und rührte mit der Gabel im Kartoffelbrei. »Wahrscheinlich ist der Arme jetzt noch verwirrter als vorher. Ich bin so konfus beim Erklären. Erst rede ich über die Auftragsabwicklung, dann zeige ich ihm das Faxgerät.«

Bird schluckte einen kleinen Happen Essen hinunter und sagte dann: »Sie sollten sich eine Liste machen.«

»Eine Liste?«

»Ja, so eine Art To-do-Liste fürs Einarbeiten. Dann haben Sie mehr Überblick über das, was Sie dem Neuen schon beigebracht haben und was als Nächstes kommen soll.«

Mr. Logan lächelte. »Eine sehr gute Idee.« Er klopfte mit der Gabel an sein Wasserglas. *Klirr, klirr.* »Alle mal herhören. Gleich morgen mache ich mir eine Liste.«

Bird lächelte auch. Es war lange her, dass ein Erwachsener sie für eine Idee gelobt hatte. Wer war das gewesen? Wahrscheinlich Ms. Salonga.

Was für ein seltsames Universum das hier war, überlegte Bird. Auch wenn sie sich ziemlich blöd vorkam und es sogar vor sich selbst nur ungern zugab: Sie hatte nicht gewusst, dass es Familien gab, die wirklich gemeinsam aßen. Klar, Ms. Salonga hatte ihnen erzählt, dass ihre Familie beim Essen zusammensaß und dass es dabei Regeln gab – nicht am Tisch streiten zum Beispiel. Aber das kam ihr immer noch wie ein Märchen vor; wie etwas, das nur im Fernsehen oder in Lügengeschichten existierte.

»Dani hat uns viel von dir erzählt, Bernadette.« Mrs. Logan wischte sich den Mund mit einer Serviette ab und lächelte. »Sie sagt, du bist wirklich schlau.«

»Alle nennen sie Bird«, sagte Dani. »Und sie ist eine von den Schlausten in der ganzen Schule.«

Bird wurde rot. Sie war verlegen und stolz zugleich.

»Dann kannst du ja wirklich froh sein, dass sie in deinem Weltraum-Team ist«, sagte Mr. Logan. »Du willst ja nicht zu dem Kometen kommen und nicht wissen, wie es weitergeht.«

Bird wollte schon höflich erklären, dass sie kein Weltraum-Team, sondern eine Crew waren, doch da nahm sie im Augenwinkel eine Bewegung wahr und drehte sich um, in der Hoffnung, einen Blick auf den scheuen Chekov werfen zu können.

Aber sie hatte kein Glück.

»Wenn sie erwachsen ist, will Bird eine echte Shuttle-Kommandantin werden«, erklärte Dani.

»Wirklich?«, sagte Mrs. Logan. »Wie aufregend.«

»Was machen Shuttle-Kommandanten denn?«, wollte Mr. Logan wissen.

»Die sind für das ganze Schiff verantwortlich«, erklärte Dani.

»Die NASA hatte noch nie eine Frau als Shuttle-Kommandanten«, sagte Bird. »Ich will die Erste sein.«

»Pass auf, du wirst die nächste Sally Ride!«, rief Mrs. Logan.

Bird lächelte. »Oder die nächste Judith Resnik, Missionsspezialistin im Space Shuttle *Challenger.*«

Mr. Logan hob sein Glas, Mrs. Logan und die beiden Mädchen dann auch.

»Ein Hoch auf die nächste Judith Resnik!«, sagte er.

Dann stießen – *klirr, klirr* – alle miteinander an.

CASH
Hundert Tage?

»Hey, Kumpel, weißt du, was mir heute in Mathe klar geworden ist?«, fragte Kenny.

Cash saß auf der kalten Betonmauer, die Hände auf den Knien, und beobachtete Brants erbärmliche Versuche, Footbag zu spielen. Kenny hockte neben ihm, auch er schaute Brant zu und gab immer wieder hilfreiche Kommentare. »Du bist so was von beschissen, Mann« und »eine Schande, echt« – so hörte sich das bei ihm an. Das Fundament ihrer Freundschaft war anscheinend, sich gegenseitig fertigzumachen.

»Dass du nicht mal den Unterschied zwischen Addieren und Subtrahieren draufhast?«, warf Brant ein. Er klang außer Atem, weil er sich so anstrengte, den Footbag mit den Fußgelenken und Knien in der Luft zu halten.

In seiner dicken Winterjacke konnte sich Brant nicht schnell genug bewegen. Mehr als sechsmal hintereinander hatte er bisher nicht geschafft, spätestens dann klatschte der weiche Ball wie ein Ei auf den Boden.

»Nein, du Idiot!«, sagte Kenny. »Mir ist klar geworden, dass wir nur noch hundert Tage in der Mittelschule sind. Dann sind Sommerferien, und danach geht's auf zu neuen Ufern.«

Cash rutschte unbehaglich herum, ohne ein Wort zu sagen.

Brant schleuderte den Footbag hoch in die Luft und gab auf.

»Hundert Tage, das klingt fast erträglich«, sagte er. Dann hielt er inne und schaute Cash an. »Für dich sind's allerdings mehr.«

»Oh«, sagte Kenny und begriff seinen Fehler. »Na ja, dann eben hundert Tage für uns alle bis zu den Sommerferien.«

»Stimmt, bloß kommen danach nur *zwei* von uns weiter im Leben.« Brant warf den Ball wieder in die Höhe. Hoch, runter, hoch, runter. »Mal im Ernst, Cash, was willst du machen, falls du noch mal durchfliegst? Da wärst du wirklich gearscht. Alt genug für den Führerschein, aber immer noch in diesem Loch. Wer weiß, vielleicht würden die dir trotzdem einen Parkplatz geben.« Er lachte. »Mann, am Ende kommst du vielleicht erst hier raus, wenn du so alt bist wie Mr. Stanecker.«

Mr. Stanecker war einer der Schulhausmeister. Er sah aus, als ob er mindestens zweihundert Jahre auf dem Buckel hätte.

»Ha. Ha. Sehr witzig«, sagte Cash.

»Sorry, Kumpel. Ich nehm dich bloß bisschen hoch, weißt du doch«, sagte Brant. »Aber mal im Ernst, ich kann's kaum erwarten, endlich hier rauszukommen und das Angebot in der Highschool abzuchecken, wenn ihr wisst, was ich meine.«

Kenny schnaubte. »Kannst du ruhig machen, die Frage ist bloß, ob die Mädels im Angebot *dich* abchecken wollen.«

»Stellt euch das doch mal vor«, redete Brant unbeirrt weiter. Statt den Footbag noch mal in die Luft zu werfen, hob er jetzt die Hände wie ein Regisseur, der einen Kameraausschnitt prüft. »Mädchen. *Neue* Mädchen. Hunderte von Mädchen aus drei verschiedenen Schulen. Da haben wir endlos Auswahl, Kenny.« Zu Cash sagte er achselzuckend: »Tut mir leid für dich, Kumpel.«

Kenny streckte den Arm aus und boxte Cash freundschaftlich gegen die Schulter. »Hat aber auch was, noch ein Jahr hierzubleiben.« Er grinste breit und durchtrieben. »Eins steht nämlich fest, du bist dann einer von den großen Jungs. Der einzige hier. Mädchen lieben das. Die werden denken, dass du, na ja, erfahrener bist und so. Älter. Reifer.«

»Und dümmer«, ergänzte Brant.

Hoch, runter, hoch, runter.

Cash stand auf. Es reichte ihm, auch wenn er das nie zeigen würde. Nein, er gab sich immer weiter lässig. Das konnte er wegstecken. So was gehörte bei Brant und Kenny einfach dazu. Sie machten sich gegenseitig fertig, wegen Basketball oder irgendwas sonst, ganz egal. So lief das eben.

Manchmal trafen einen die Witze aber schon ziemlich hart.

»Ich hau ab«, erklärte Cash. Bevor irgendwer protestieren konnte, schob er schnell eine Lüge nach. »Ich hab meinem Dad versprochen, dass ich ihm helfe.«

»Bei was denn?«, fragte Brant. »Wollt ihr deinen Bruder in die Klapse bringen?« Er lachte.

»Das ist blöd, Brant«, sagte Kenny. Er schüttelte den Kopf und presste die Lippen zusammen.

»Ich hab gehört, der ist in der Schule total ausgeflippt.« Brant sah Cash an, jetzt mit ernstem Gesicht. »Stimmt es, dass sie die Polizei rufen mussten?«

»Nein«, sagte Cash. »Red nicht so einen Schwachsinn.«

Brant zuckte mit den Achseln. »Bei dem ist doch eine Schraube locker.«

»Genau wie bei dir«, sagte Kenny. »Und *dich* bringen wir ja auch nicht in die Klapse.«

Cash schob die Hände in die Jackentaschen und murmelte: »Noch nicht«, während er sich umdrehte und auf den Heimweg machte.

BIRD
Ich bin wieder zu Hause

Als Bird am Abend hereinkam, saßen Cash und ihr Vater im Wohnzimmer und schauten eine Folge von

Agentin mit Herz – Lee und Francine, die Hauptfiguren, mussten einen verwöhnten Tennisspieler beschützen, der von den Sowjets bedroht wurde. Cash und ihr Vater starrten mit ausdruckslosen Gesichtern vor sich hin. Manchmal fragte sich Bird, was passieren würde, falls sie den Fernseher irgendwann mal auseinandernahm. Würde sie da drin eins von diesen hin- und herschwingenden Pendeln entdecken, mit denen Hypnotiseure Leute einschläfern?

Bird wollte schon den Mund aufmachen und sagen: *Hallo, ich bin wieder zu Hause,* aber dann ließ sie es bleiben. Sie zog ihre Winterjacke aus, hängte sie an den Haken bei der Eingangstür und ging durch den Flur zum Zimmer ihrer Eltern, wo ihre Mutter sein musste. Aus Fitchs Zimmer drang Musik, zwar gedämpft, aber immer noch laut genug.

Auf dem Bett ihrer Eltern stand ein voller Wäschekorb. Ihre Mutter faltete Kleidung und legte sie auf verschiedene Stapel. Beim Arbeiten summte sie leise vor sich hin.

»Hallo, Mom«, sagte Bird. »Ich bin wieder da.«

Mrs. Thomas lächelte. »Hallo. War es schön bei deinem Essen?«

»Ja.« Bird nahm ein Shirt von einem ihrer Brüder, faltete es zusammen und legte es behutsam auf den entsprechenden Stapel. »Es gab Hackbraten.«

»Fein.«

»Alle haben zusammen am Tisch gesessen.«

»Aha.«

Bird nahm ein zweites Shirt. »Das sollten wir auch mal ausprobieren, findest du nicht? Abends zusammen essen?«

»Leg das erst mal quer zusammen, Bird.« Ihre Mutter nahm ihr das Shirt aus der Hand und zeigte ihr, wie sie es meinte. »Nicht der Länge nach.«

Bird nahm sich noch ein Kleidungsstück von dem wirren Haufen. »Ich kann auch den Tisch abräumen. Was hältst du davon, Mom?«

Ihre Mutter war jetzt bei den Socken. Sie stopfte sie paarweise zu Kugeln zusammen und warf sie in den Wäschekorb.

»Was halte ich *wovon*?«

Das nächste Shirt legte Bird zuerst quer zusammen.

»Ach, egal«, sagte sie.

DIE FAMILIE LOGAN

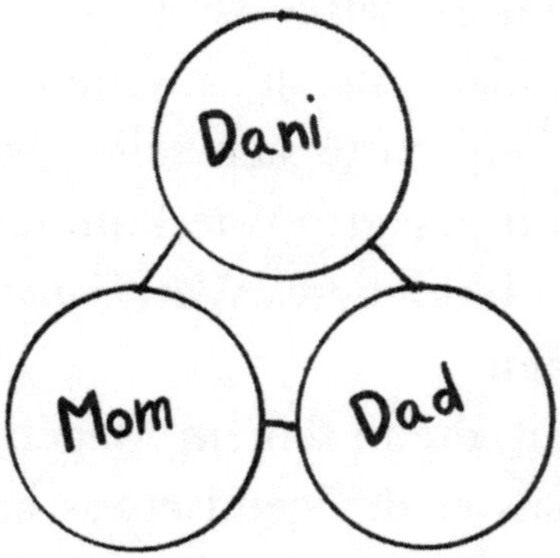

FITCH
Neuigkeiten für Bernadette

Fitch verbrachte den Nachmittag in seinem Zimmer, ließ laut U2 laufen und vertiefte sich in sein Weltall-Buch, um den vergangenen Tag aus dem Kopf zu kriegen, aber egal, was er tat, er landete immer wieder bei Amanda. Wie Tränen in ihren Augen gestanden hatten. Wie sie aus dem Klassenzimmer gestolpert war. Bei der Vorstellung wurde ihm ganz schwummrig, fast wie in der Achterbahn, allerdings ohne die freudige Aufregung und den Spaß. Sein Hirn zählte immer wieder Gründe auf, warum sie eigentlich selbst schuld war (sie hatte alle Andeutungen ignoriert und ihn bis in die Spielhalle verfolgt, sie nannte ihn Henry und schenkte ihm Aufkleber), aber er konnte sich noch so sehr anstrengen, die Rechnung ging einfach nicht auf. Er gab es ungern zu, nicht einmal vor sich selbst, aber er hatte etwas Furchtbares getan, das war ihm klar. Als sie aus dem Zimmer des Direktors kamen, hatte sich seine Mutter zu ihm umgedreht und gesagt: »Wie konntest du bloß so grausam sein?« Und dieses Wort – *grausam* – schnitt tief in ihn hinein.

Die Übelkeit, die in seinem Magen waberte, war so quälend, dass er dringend etwas kaputt machen wollte. In seinen Händen zuckte eine nervöse Energie. Wenn er bloß irgendetwas fände, das er kaputt machen konnte, ginge das vielleicht weg.

Er streckte sich auf dem Bett aus. Starrte mit hinterm Kopf verschränkten Händen an die Decke. In zwei Tagen musste er zurück in die Schule. Wie sollte er Amanda gegenübertreten?

An seiner Zimmertür klopfte es. Er gab keine Antwort und hoffte leise, er hätte es sich nur eingebildet. Doch dann klopfte es noch mal.

»Was denn?«, machte er.

Bird kam rein, mit einem Stapel gefalteter Wäsche im Arm. Sie stieß die Tür mit dem Fuß hinter sich zu und hielt ihm die Klamotten dann mit einer Hand hin, fast wie eine Kellnerin.

»Ich hab hier ein paar Sachen für dich«, sagte sie.

»Tu sie halt irgendwo hin.«

Sie legte den Stapel auf sein Bett, unten bei den Füßen.

»Also«, sagte sie. »Was hast du heute gemacht?«

»Nichts.«

Er hätte sie gern gefragt, ob die Leute in der Schule über ihn redeten, aber dann hätte er zugeben müssen, dass ihm das etwas ausmachte.

»Ich war bei Dani Logan zu Besuch. Die haben mich sogar zum Abendessen eingeladen.«

»Faszinierend.«

»Ihr Dad hat auf mich angestoßen. Er meinte, ich könnte die nächste Sally Ride werden.«

»Wer ist Sally Ride?«

»Die erste Amerikanerin im Weltall.«

Fitch sagte nichts.

»Ich hab ihm gesagt, dass ich lieber Judith Resnik wäre«, fuhr Bird fort.

»Wer soll das denn sein?«

Bird seufzte, genau wie Ms. Salonga, wenn er eine falsche Antwort gab.

»Die Missionsspezialistin der *Challenger*, weißt du nicht mehr?«

»Nein. Woher soll ich das wissen?«

»Ms. Salonga hat uns alles über sie erzählt. Außerdem haben wir doch neulich abends über sie geredet, beim Sternegucken. Weißt du, da hab ich dir doch gesagt, dass ich die erste –«

Die nervöse Energie im Innern von Fitch sprühte Funken.

»Ich hab Neuigkeiten für dich, *Bernadette*. Du wirst nie im Leben Shuttle-Kommandantin bei der NASA und kommst auch nie ins Weltall. Guck dir doch die Wahrheit an: Du bist bloß irgendein Mädchen aus Delaware und kein bisschen besonders«, verkündete Fitch. Er wusste nicht, warum er das sagte, konnte aber nichts dagegen tun. Die giftigen Worte sprudelten einfach so aus ihm heraus, eines nach dem anderen. »Du endest wie Mom. Du wirst nie eine Sally Ride oder Judith Irgendwie.«

Die Sätze baumelten in der Luft.

Fitch rührte sich nicht. Sah ihr nicht in die Augen.

Als Bird das Zimmer verließ, stieg wieder Übelkeit in ihm auf.

Bevor sie hereingekommen war, hatte er etwas kaputt machen wollen. Und genau das hatte er getan.

CASH
So in etwa

Irgendwas war mit dieser Zahl. Sie klang so endgültig. Einhundert. Einhundert Tage bis zum Schulende. Einhundert Tage, bis seine Freunde an die Highschool wechseln würden. Einhundert Tage, bis er mit seiner Ehrenrunde fertig war.

Es fiel ihm schwer, sich den Sommer vorzustellen, während draußen eisiges Winterwetter herrschte, aber er versuchte es trotzdem. Wie viele Tage hatte der Sommer? Die Monate lagen gähnend leer vor ihm. Was für eine lange Zeit, und nirgends irgendwas, worauf er sich freuen konnte.

Er hörte, wie die Tür von Fitchs Zimmer aufging. Fitch redete mit Bird. Die Tür schloss sich wieder.

»Bird!«, rief Cash.

Als sie den Kopf in sein Zimmer streckte, lag ein

seltsamer Ausdruck in ihrem Gesicht. Ihre Ausstrahlung war vollkommen anders als sonst, und dadurch merkte Cash überhaupt erst, dass sie eine bestimmte Ausstrahlung hatte. »Alles okay mit dir?«, fragte er, auch wenn er das nicht vorgehabt hatte.

»Alles klar«, sagte sie. »Willst du irgendwas.«

Eine Aussage, keine Frage.

Cash hatte ganz entschieden den Eindruck, dass mit seiner Schwester eben *nicht* alles klar war. Zumindest nicht im Moment. Aber bestimmt wäre sie bald wieder okay. Das war sie immer.

»Ich hab mich bloß gefragt, ob du weißt, wie viele Tage es noch sind bis zu den Sommerferien«, sagte er.

Bird schaute beim Rechnen auf den Boden. »Etwa siebenundneunzig, schätze ich. So in etwa.«

Er wartete auf die Frage, warum er das wissen wollte.

Doch sie fragte nicht.

Als sie die Tür hinter sich zumachte, schaute Cash zu Dr. J.

»Nichts tun außer Basketball spielen und dafür Geld kriegen, so will ich leben«, sagte er. »Wie fühlt sich das an?«

Aber Dr. J antwortete natürlich nicht.

BIRD
So groß, so klein

Bird: Das Universum hat keinen Anfang und kein Ende. Da ist nur leerer Raum, endlos weiter Raum. Da kann ein Mensch leicht verloren gehen. Ich glaube, das passiert gerade mit mir.

Judith Resnik: Du gehst nicht verloren. Du bist noch hier.

Bird: Ist das nicht seltsam?

Judith Resnik: Was denn?

Bird: Dass um dich herum lauter Menschen sein können, und trotzdem fühlst du dich allein. Sogar in einem Haus voller Leute.

Judith Resnik: Einsamkeit ist ein Gefühl. Es kommt von innen, nicht von außen.

Bird: Meinst du, Fitch hat recht? Bin ich nur irgendein Mädchen aus Park in Delaware?

Judith Resnik: Na ja. Du *bist* ein Mädchen. Und du lebst wirklich in Park, Delaware. Aber das Wort »nur« gefällt mir nicht.

Bird: Komisch, dass Kleinigkeiten manchmal so einen großen Unterschied machen.

Judith Resnik: Du hast tiefgründige Gedanken, Bernadette Nelson Thomas. Hat dir das schon mal jemand gesagt?

Bird: Ich glaub nicht, dass das irgendwen interessiert.

Judith Resnik: Mich interessiert es.

Dienstag, 14. Januar 1986

CASH

Cash macht eine Liste

Auf der Fahrt zur Schule starrte Cash durch die Windschutzscheibe nach draußen, während Bird schweigend auf dem Rücksitz saß. Mr. Thomas redete über Charles Barkley, wie er der Starspieler der Sixers werden würde, wenn Dr. J aufhörte.

Bevor sie losgefahren waren, hatten sich seine Eltern zehn Minuten lang nonstop darüber gestritten, ob sie Fitch während des Unterrichtsausschlusses allein zu Hause lassen konnten. Mr. Thomas war der Meinung gewesen, Mrs. Thomas sollte bei ihm bleiben. Mrs. Thomas nannte ihn einen »ignoranten egoistischen Sch*******« und meinte, sie hätte schließlich auch einen Job.

Am Schluss blieb Fitch doch allein zu Hause. Mrs. Thomas schrieb ihm einen Zettel und legte ihn auf die Kücheninsel, damit Fitch ihn gleich nach dem Aufwachen fand.

Cash verstand nicht, wie sein Vater nach so einer wütenden Tirade innerhalb von Minuten auf ein ruhiges Geplauder über Basketball umschalten konnte, aber so war es eben – er redete über Charles Barkley, und Cash gab die passenden Antworten, indem er nickte oder zustimmte. Normalerweise war er bei solchen Gesprächen voll dabei, aber im Moment brauchte er seine gesamte geistige Energie, um Listen zu machen.

Vorm Einschlafen gestern Abend hatte er an die hundert Tage bis zum Schulende gedacht, an die langen Sommermonate, die folgen würden, und dass danach noch ein ganzes Jahr an der Park Middle School käme. Wenn in seinem Leben sonst irgendwas liefe, etwas mit Basketball oder Mädchen, dann kämen ihm diese vielen Tage vielleicht nicht wie eine einzige endlose Tortur vor. Mit diesem Gedanken war er eingeschlafen. Beim Aufwachen wurde ihm klar, warum bei ihm nichts lief: Es lag einfach daran, dass er in nichts gut war.

Ms. Salonga behauptete immer, dass jeder in irgendetwas gut war. Und von anderen Lehrern hatte er das auch schon gehört. Bisher hatte er nie näher darüber nachgedacht. Aber jetzt ließ ihn diese Vorstellung nicht mehr los.

Das Ergebnis seiner Überlegungen war allerdings noch ziemlich mager und ging so:

- Bird ist gut in der Schule.
- Fitch kann gut zocken.
- Ich bin in nichts gut.

Es würde ihm genügen, überhaupt in *irgendetwas* gut zu sein. Ganz egal, was es war.

Er bewegte seinen Arm. Unter dem Gips juckte es schon wieder, und er hatte nichts, womit er sich kratzen konnte.

Als Mr. Thomas vor der Schule hielt, verabschiedeten sich Bird und Cash pflichtschuldig voneinander und gingen getrennte Wege. Bird verschwand dorthin, wohin sie jeden Morgen verschwand, er hatte keine Ahnung, wo das sein mochte. Cash ging auf die Jungentoilette. Er wusch sich die Hände länger als nötig, damit er sein Gesicht betrachten und sich auf den Tag einstellen konnte.

Bis der Tag zu Ende ist, wird etwas auf deiner Liste stehen, Cash Nelson Thomas.

Glaub daran.

FITCH

Die Welt gehört ihm

Am liebsten hätte sich Fitch in eine Fliege verwandelt. Er wollte so klein sein, dass ihn keiner bemerkte. Dann würde er in Ms. Salongas Klasse fliegen, sich an die Wand setzen und hören, was die anderen sagten. Hielten sie ihn für verrückt? Was hatte Ms. Salonga gesagt, nachdem er weg war? Eigentlich konnte ihm doch egal sein, was Ms. Salonga dachte, oder?

Als seine Gedanken wieder zu Amanda und den Worten »fette, dämliche Kuh« driften wollten, erinnerte er sich daran, dass er allein zu Hause war und die Welt ihm gehörte.

Natürlich hatte er den Streit seiner Eltern am Morgen mitbekommen. Mit der Decke über dem Kopf und noch ziemlich schläfrig, hatte er von seinem Zimmer aus zugehört. Er hatte gehofft, das Ganze würde gut für ihn ausgehen, und so war es dann ja auch gewesen. Alle waren weg. Er war allein.

Er fand den Zettel seiner Mutter in der Küche. Sie wollte ihn gegen Mittag anrufen, schrieb sie, und er sollte gar nicht erst daran DENKEN (Großbuchstaben, dreimal unterstrichen) in die Spielhalle zu gehen, denn sie hätte schon mit Mr. Hindley gesprochen, und der würde sie anrufen, falls Fitch dort aufkreuzte. Er grapschte mit einer Hand nach dem

Zettel, zerknüllte ihn und ließ ihn auf der Kücheninsel liegen, neben dem anderen Kram.

Und jetzt, was konnte er tun?

Ein leeres Haus.

Er war allein. Für Stunden.

Erst streckte er sich. Er hob die Arme über den Kopf und machte sich lang.

Dann trank er zwei Gläser Orangensaft.

Dann ging er ins Wohnzimmer.

Er nahm ein Kissen vom Sofa, vergrub den Kopf darin und schrie los.

BIRD

Damit es nicht peinlich wird

Bird wusste natürlich, dass es da etwas gab, das »miteinander gehen« hieß, dass ein paar Mädchen einen Freund hatten und manche Jungs auf bestimmte Mädchen standen und umgekehrt, aber sie hatte immer das Gefühl gehabt, mit ihr habe das alles nichts zu tun. Es kam ihr wie ein kosmisches Geschehen außerhalb ihres Sonnensystems vor, das sie mit leidenschaftsloser Neugier betrachtete, bevor sie sich wieder ihren Alltagsangelegenheiten zuwandte. Wenn irgendwer »süß« war, nahm sie das nicht weiter zur Kenntnis. Wenn »mit jemandem gehen« so was wie eine Auszeichnung darstellte, brauchte sie diese Auszeichnung nicht. Es kam ihr überhaupt nicht in den Sinn, dass sie selbst in diese Sphäre eintauchen könnte. Und soweit sie wusste, kam es den anderen auch nicht in den Sinn, wenn sie an Bird dachten.

Bis jetzt jedenfalls.

»Ich glaube, Devonte mag dich«, flüsterte Jessica Diaz gegen Ende der Stunde bei Ms. Salonga.

Bird war von dieser Unterbrechung nicht begeistert, denn Ms. Salonga redete gerade über die Fernsehübertragung des *Challenger*-Starts.

»Einige Sender strahlen den Start live aus, das ist wirklich aufregend. Und so hat der Direktor beschlossen, dass eine ausgewählte Gruppe von Schülern – insgesamt etwa hundert – den Start in der Aula mitverfolgen darf«, erklärte Ms. Salonga.

Jessica Diaz wedelte mit der Hand vor Bird herum, wie um zu sagen: *Hallo, hörst du mir überhaupt zu?*

Aber wer wollte schon Jessica Diaz zuhören, wenn so eine Ankündigung gemacht wurde?

»Dafür müsst ihr einen Essay schreiben, in dem ihr erklärt, warum ihr in die engere Wahl kommen möchtet«, sagte Ms. Salonga.

Lautes Stöhnen ringsherum.

Ein paar Leute packten schon ihre Sachen ein, sie interessierten sich kein bisschen für den Start und hatten schon gar keine Lust, freiwillig einen Essay zu schreiben. Bird dagegen entwarf im Geist schon ihren Text – oder versuchte es zumindest.

»Magst du ihn denn?«, sagte Jessica.

»Wen?«, fragte Bird.

»Na, Devonte.«

Bird schaute kurz zu Devontes Platz, plötzlich erleichtert, dass er heute nicht in der Schule war. Ob er wohl auch etwas schreiben würde? Der erste Satz ihres Essays fiel ihr ein. Sie würde so beginnen: *Eines Tages werde ich der erste weibliche Shuttle-Kommandant der NASA sein.*

»Weiß nicht«, sagte Bird. »Darüber hab ich noch nie nachgedacht.«

Eines Tages werde ich der erste weibliche Shuttle-Kommandant der NASA sein. Der Challenger-Start wird … Was wird er bloß?

»Tja.« Jessica seufzte. Sie hatte ihre Bücher zu einem ordentlichen Stapel aufgetürmt und war bereit, ins nächste Klassenzimmer zu wechseln. »Das solltest du aber.«

Sie hob die Augenbrauen. Zum ersten Mal fiel Bird auf, wie viel blauen Lidschatten sie trug. JB tat das auch. Das sah sie jedes Mal, wenn JB die Augen zufielen. Ab und zu schlief sie im Unterricht nämlich ein. Manchmal erwischte sie Ms. Salonga dabei und sagte etwas. Manchmal aber auch nicht.

»Wenn er dich mag und du ihn nicht, solltest du ihm das bald mal sagen, damit es nicht peinlich für ihn wird«, erklärte Jessica.

Der Essay verschwand aus Birds Kopf, flutschte in eine andere Zeit, während sie diese neue Information zu verarbeiten versuchte.

»Und was, wenn ich ihn doch mag?«, fragte Bird.

»Dann hast du gleich noch mehr Probleme, findest du nicht?«, meinte Jessica. »Sagen wir mal so … mein Dad würde durchdrehen, wenn ich mich auf einen schwarzen Jungen einließe.« Sie sprach das Wort »schwarz« so sorgfältig aus, als hätte sie es gerade erst gelernt und wäre ganz versessen darauf, es in diesem Zusammenhang zu verwenden. »Was würden deine Eltern denn tun?«

Bird wollte schon etwas erwidern, als ihr klar wurde, dass sie keine Ahnung hatte.

FITCH
Hört das nie mehr auf?

Der Rauchmelder war das Lauteste, was Fitch je gehört hatte. Das Ding zerriss ihm fast die Ohren mit seinem schrillen, durchdringenden Kreischen, das klang, als wollte es nie mehr aufhören. Als der Ton losging, hatte er einen überraschten Satz nach hinten gemacht und sich den Ellbogen an der Küchentheke gestoßen. Jetzt hielt er seinen Arm und schaute sich verzweifelt um. Wie schaltete man das verdammte Teil bloß ab?

Eigentlich hatte er sich ja nur Eier braten und einen Toast machen wollen. Er hatte zwei Scheiben Brot in den Toaster gesteckt und ein Stück Butter in einer Pfanne auf dem Herd zergehen lassen, genau wie er das bei seiner Mutter oft gesehen hatte. Die Eier waren ganz okay geworden, bisschen angebrannt zwar und das Eigelb nicht so perfekt, wie er es mochte, aber sie waren jedenfalls essbar, wie sie da vor ihm auf dem Teller lagen – und da hatte er sich gedacht: Warum nicht auch ein bisschen Speck braten? Doch als er die Speckstreifen in die heiße Pfanne fallen ließ, zischte es laut und dichte Rauchschwaden stiegen auf. Das hatte er nicht erwartet, und diesen durchdringenden Alarm noch viel weniger.

Konnten die Nachbarn ihn auch alle hören?

Er sprang hin und her, hielt sich den Ellbogen, sein Herz raste. Er zerrte einen Stuhl vom Esszimmertisch weg. Dabei krachte ein Stapel Papier – was auch immer das war – von der Sitzfläche auf den Boden, doch zum Aufheben hatte er keine Zeit. Er kletterte auf den Stuhl, suchte sicheren Stand und fummelte an dem Rauchmelder herum. Dabei löste sich der Deckel und knallte ihm gegen die Augenbraue. Er fluchte und fluchte, bis er die Batterie endlich rausbekam. Der Alarm hörte mit einem Schlag auf, klang in seinen Ohren aber immer noch nach. Im Haus roch es nach angebrannten Eiern und verkohltem Speck. Er hatte nicht mal mehr Hunger. Dass er sich eingebildet hatte, er könnte kochen, kam ihm auf einmal ganz dumm vor. Wieso hatte er sich nicht einfach ein Sandwich gemacht? Dabei hatte er sich so sicher gefühlt. Ein erwachsener Mann, allein zu Hause, der auf dem Herd etwas kochte. Jetzt war ihm das peinlich, obwohl gar niemand da war, der es mitbekommen hatte.

Er konnte die Bemerkungen und Kommentare seiner Eltern schon hören. *Hast du den Herd benutzt?*, würde seine Mutter fragen und gleich losstürmen, um an den Kochfeldern zu schnuppern. Dann würde sie ihm einen Vortrag halten, was alles hätte schiefgehen können. Er hätte das Haus in Brand setzen können. Oder sogar sich selbst. Vielleicht auch das Kochgeschirr ruinieren. Die Vorwürfe nähmen kein Ende. *Manchmal machst du mehr Ärger, als du wert bist.* Würde sie diesen Satz wieder sagen? Einmal hatte sie es schon getan.

Hastig verließ er die Küche. Um den Rauchmelder würde er sich später kümmern. Jetzt wollte er zurück in sein Zimmer, wo er in Sicherheit war. Doch seine Füße trugen ihn stattdessen ins Schlafzimmer seiner Eltern. Er atmete tief ein, als er ihre Sphäre betrat. Es roch nach Dads Aftershave. Das Bett war nicht gemacht.

Fitch warf einen Blick auf die Kommode, wo seine Eltern oft einzelne Münzen herumliegen hatten, griff sich drei Vierteldollars und zwei Zehn-Cent-Münzen und schob sie tief in seine Taschen.

Und jetzt: der Wandschrank.

Warum ging er zum Wandschrank? Das hätte er nicht sagen können. Und warum schob er die Tür auf und schlüpfte hinein? Das wusste er auch nicht. Eine Bewegung ergab die andere, er dachte nicht groß nach.

Er machte kein Licht, schob nur die Tür wieder zu und kauerte sich tief in die Dunkelheit. Jetzt war er in einem Kleider-Dschungel. Er zog die Knie an und sog tief die Luft ein. Das Parfüm seiner Mutter. Waschmittel. Schuhe. Sein Vater. Er drückte den Rücken gegen die Wand. Klamotten baumelten vor seiner Stirn. Als kleines Kind hatte er sich oft hier verkrochen. Wenn die drei Verstecken spielten – seine Schwester, sein Bruder und er –, hatte er sich immer hier verkrochen. Früher hatten die Sachen auf den Bügeln seinen Kopf nicht mal berührt. Irgendwann wussten alle, dass hier sein Lieblingsversteck war, doch nach einer Weile stellte er es schlauer an. Statt sich mit klopfendem Herzen in den Schrank zu werfen und gleich die Tür zuzuschieben, ließ er sie offen stehen und arrangierte die Anziehsachen geschickt um sich herum – häufte sie auf seinem Schoß bis hoch ans Kinn und hängte sie sich übers Gesicht, bis seine Tarnung perfekt war. Außer einem Haufen Kleider war dann nichts mehr zu sehen.

Aber es hatte nie funktioniert.

Bird hatte ihn immer gefunden.

BIRD
Etwas vollkommen Neues

Bird fing mit den ungelesenen Zeitschriften auf dem Esstisch an. Sie richtete die Stapel, hievte einen davon auf ihre dünnen Arme und trug ihn zum Wandschrank im Flur, in dem ein gewaltiges Durcheinander herrschte. Alte Pullover, alte Schuhe, altes alles, aber wenn man ein paar Sachen zur Seite schubste, war gerade noch Platz für den ein oder anderen Zeitschriftenstapel.

Bird war beim zweiten Stapel, als Mrs. Thomas in die Küche kam, dicht gefolgt von Cash. Zum Abendessen sollte es Hamburger geben, und Cash tat etwas vollkommen Neues – er fragte, ob er helfen könnte. Bird hörte auf zu räumen. Erst dachte sie, sie hätte sich verhört, aber dann wiederholte er seine Frage.

»Ich hab noch nie was gekocht«, sagte er zu ihrer Mutter. »Ich will rauskriegen, ob ich gut darin bin.«

Bird trug den nächsten Stapel zum Wandschrank

und verstaute ihn. Sie selbst hatte sich nie fürs Kochen interessiert. Wenn sie erwachsen war, wollte sie sich von Kartoffelchips und Sandwiches ernähren. Das wäre auch viel praktischer, wenn sie erst Astronautin war. Wer in einem Space Shuttle Tausende von Meilen über der Erde schwebte, durfte beim Essen nicht wählerisch sein.

»Wie kommt es zu diesem überraschenden Interesse?«, sagte Mrs. Thomas zu Cash.

»Keine Ahnung. Ich will bloß mal was Neues probieren«, antwortete er.

Geschirr klirrte. Die Kühlschranktür öffnete sich und ging wieder zu, während Bird aufgerissene Umschläge von längst geöffneter Post einsammelte.

»Wer weiß?«, fuhr Cash fort. »Vielleicht bin ich ja ein großartiger Koch. Kann doch sein, oder?«

»Wasch dir erst mal die Hände«, sagte Mrs. Thomas. Pause. »Bird, was machst du da? – Cash, tu nicht nur, als ob, wasch sie dir *richtig*. Bird – ich hab dich was gefragt.« Wieder lief Wasser.

»Ich räume den Tisch frei«, sagte Bird.

»Wozu?«, fragte Mrs. Thomas.

Birds Bewegungen verloren ihren Schwung, dann hörte sie ganz auf. Sich anbahnende Fehlfunktion.

»Damit wir am Tisch essen können«, antwortete sie.

Cash drehte den Wasserhahn ab. »In der Schule reden alle über das mit Fitch«, sagte er. »Anscheinend hat *sie* angefangen.«

»Sieh zu, dass deine Hände richtig trocken sind«, ermahnte ihn Mrs. Thomas. Sie redete mit Cash, sah dabei aber Bird an. »Lass das, Bird. So finde ich doch nichts mehr wieder.«

»Ich hab gehört, sie hätte *ihm* irgendwas Fieses an den Kopf geworfen«, fuhr Cash fort. »Vielleicht hat er's gar nicht verdient, dass er nicht mehr in die Schule darf.«

»Glaub mir, das hat er verdient«, sagte Mrs. Thomas.

Als sie sich herumdrehte, um sich ums Essen zu kümmern, setzte sich Bird hin und starrte den Tisch an. Eine Ecke war jetzt frei. Was für ein grandioser Erfolg.

Sie erinnerte sich, wie sie bei Ms. Salonga im Unterricht in den Weltraum durchgestartet war.

Copy. Copy.

Sie dachte an Jessica Diaz und das, was sie über Devonte gesagt hatte.

»Kann ich Speck auf meinem Hamburger haben?«, fragte Cash.

»Du brauchst keinen Speck«, sagte Mrs. Thomas.

Bird beschloss, ihre aktuelle Umgebung hinter sich zu lassen und ins Wohnzimmer durchzustarten, wo ihr Vater still dasaß und *A-Team* anschaute. Gemeinsam starrten sie auf den Fernseher. Captain Murdock war gekidnappt worden, was ziemlich ungünstig war, weil er dringend einen russischen Helikopter stehlen musste.

Von der Küche her drangen Geräusche in ihr Cockpit.

»Wir haben keinen Speck mehr«, sagte Cash.

»Ich hab doch eben erst welchen gekauft.«

»Vielleicht hat Dad ihn aufgegessen.«

»Nein, hat er nicht.«

»Na ja, jedenfalls ist keiner da.«

»Du guckst bloß nicht richtig.«

Jetzt stand Cash an der Pfanne, während ihre Mutter nach dem Speck suchte.

»Dad«, sagte Bird. Sie räusperte sich. »Kann ich dir eine rein theoretische Frage stellen?«

Die Frage lag schon auf Birds Zunge bereit: Ist es okay, jemanden zu mögen, der ganz anders aussieht ist als du selbst? Durch das Gespräch mit Jessica war ihr klar geworden, dass sie das nicht wusste. Selbst wenn sie Devonte nicht mögen würde – die Frage erschien ihr wichtig.

Ihr Vater antwortete nicht. Das unsichtbare Pendel im Fernseher hatte ihn fest im Griff.

Sie wollte ihre Frage schon wiederholen, da drang stattdessen die Stimme von Mrs. Thomas durch den Raum.

»Mike, hast du den Speck aufgegessen?«

Bird hielt die Luft an. Manchmal reichte eine einzige Frage, um Dr. Jekyll in Mr. Hyde zu verwandeln.

Mr. Thomas grummelte irgendwas und rief dann zurück: »Was?«

»Hast du den Speck gegessen?«

»Nein!«

»Ich habe erst welchen gekauft, und jetzt ist er weg!«

Bird schaute von ihrer Mutter zu ihrem Vater, während die beiden sich in ihren Schlagabtausch stürzten. Die Veränderung der Atmosphäre war oft kaum wahrnehmbar, aber Bird war eine scharfsinnige Beobachterin. Devonte war jetzt kein Thema mehr.

»Soll ich jetzt die Medien alarmieren, oder was?«, nuschelte Mr. Thomas.

Aus der Küche: »Was hast du gesagt?«

Bird lief vom Wohnzimmer zur Kücheninsel und setzte sich auf einen Hocker.

»Er sagt, er hat den Speck nicht gegessen, Mom«, erklärte sie und fügte schnell hinzu: »Deine Burger riechen lecker, Cash.«

Ehrlich gesagt rochen sie eher verbrannt. Cash drückte das Hackfleisch zusammen, obwohl er das nicht sollte. Mrs. Thomas warf die Kühlschranktür zu, rannte zum Herd und scheuchte ihn weg.

»Ich hab dir doch gesagt, du sollst nicht draufdrücken«, erklärte sie. »Da brennen die Dinger nur an.« Sie schüttelte den Kopf.

»Ich dachte, dann sind sie schneller fertig.« Cash zuckte mit den Achseln. »Den angebrannten geben wir einfach Fitch.« Er nickte in die Richtung, in der Fitchs Zimmer lag, und grinste Bird verschwörerisch an.

Mrs. Thomas hob jeden Hamburger einzeln mit einem Pfannenwender an.

»Wenn wir den Tisch fertig abräumen, können wir alle zusammen essen«, schlug Bird vor.

Mrs. Thomas richtete sich auf und stieß einen einzelnen ärgerlichen Seufzer aus.

»Die sind alle angebrannt«, erklärte sie. »Du bist wirklich kein Meisterkoch.«

Bird lächelte ihren Bruder an. »Kann ja noch werden.«

Aber Cashs Lächeln war verschwunden.

FITCH
Eine Legende

Die Luft knisterte, als Fitch den Raum betrat. Das hatte er erwartet. Sogar eingeplant. Alles lief so, wie er es sich vorgestellt hatte. Sämtliche Augen ruhten auf ihm. Auf dem ganzen Weg von der Tür bis zu seinem Platz starrten die anderen ihn an. Ihre Blicke brannten. Er war absichtlich erst kurz vor dem zweiten Läuten ins Klassenzimmer gekommen und vor dem Unterricht sogar Vern aus dem Weg gegangen, um ja keinen Wirbel zu machen. Aber der Wirbel ließ sich nicht vermeiden.

Da war nicht nur das Starren. Um ihn herum wurde auch überall getuschelt. Das hatte er gleich bemerkt, als er in die Schule kam. Mädchen stießen einander an. Kicherten. Zeigten sogar mit dem Finger auf ihn. Er fand das so peinlich, dass er rot anlief.

Diese Aufmerksamkeit wollte er nicht. Am liebsten hätte er alles ausradiert, was passiert war. Es so weit weggeschoben, dass es irgendwo in der Galaxie verschwand und von einem schwarzen Loch verschlungen wurde. Aber er konnte nichts ausradieren, und genauso wenig konnte er aufhören, an Amanda zu denken.

Was sollte er sagen, wenn er sie sah?

Was sollte er tun?

Was würde *sie* sagen? Was würde *sie* tun?

Er setzte sich und tat so, als wäre ihr Platz nicht direkt neben seinem, obwohl ihn die Leere dort angaffte. Tisch und Stuhl schienen auf Amanda zu warten.

»Mann, die drehen alle komplett durch wegen dem, was passiert ist«, sagte Vern. Auch er schaute jetzt zu Amandas Platz. »Die Leute erzählen sich, du wärst in Handschellen abgeführt worden.« Er grinste. »Du bist jetzt eine Legende.«

Fitch wurde nicht schlau aus Verns Miene. Sein Freund wirkte fast ein bisschen ehrfürchtig oder eifersüchtig. Fitch suchte nach Ablehnung, einem Ausdruck des Verurteilens, nach irgendetwas, das zu seinen eigenen Gefühlen passte, aber in Verns Gesicht war nichts Negatives zu entdecken.

Auch sonst schauten die Leute genau genommen eher neugierig als verurteilend.

Aber wie genau ihn sein Ausraster zur Legende machen konnte, war Fitch vollkommen unklar.

»Amanda ist jetzt in einem anderen Kurs«, erklärte Vern.

Fitch versuchte, neutral zu gucken, doch sein Herz hämmerte. »Wie meinst du das?«

»Ms. Salonga hat ihr gesagt, dass sie das selbst entscheiden kann. Entweder müsstest du in einen anderen Kurs, oder sie könnte wechseln.«

Fitch stellte sich wieder vor, eine Fliege zu sein. Er hätte sich gern an die Wand gesetzt und mitangehört, wie Ms. Salonga mit Amanda redete.

»Sie hätte *mich* zum Wechseln zwingen sollen«, sagte Fitch. »Schließlich bin *ich* derjenige, der …«

Er ließ den Satz in der Luft hängen.

Als Rachel Hill ins Klassenzimmer kam, merkte er nicht mal, dass sie ihn anlächelte.

CASH
Ein Typ in Bewegung

Mr. Wills, dessen öde Sozialkundestunden berüchtigt waren, erlaubte Cash ohne großes Trara, das Klassenzimmer zu verlassen. Während Cash nach draußen schlenderte, schoss für einen seltsamen Moment Adrenalin durch seinen Körper. Natürlich musste er gar nicht auf die Toilette. Aber alles war besser, als im Unterricht festzustecken, auf die Fragen der Lehrer keine Antwort zu wissen und sich wie ein Idiot vorzukommen. Hier draußen in den Gängen fühlte er sich nicht dumm. Er war einfach Cash Nelson Thomas, ein Typ in Bewegung.

Nachdem er sich auf der Toilette die Hände gewaschen und sein Gesicht im Spiegel angestarrt hatte (länger, als er zugeben würde), ging er wieder zu den Vitrinen mit den Pokalen und Auszeichnungen. Er wollte sich den Basketball-Pokal noch mal anschauen. Er wusste nicht recht, warum er sich damit quälte, aber so war es eben.

Der Pokal stand wie immer auf dem zweiten Brett, hoch und stolz wie die anderen. Eine blitzblanke Erinnerung daran, dass ihn das Team nicht gebraucht hatte, um zu gewinnen.

Du kannst gut rennen, aber nicht werfen. Und wenn du nicht werfen kannst …

Tja, wenn du nicht werfen kannst, wozu spielst du dann überhaupt Basketball? Egal, wie man es drehte, darauf lief es hinaus.

Er stand immer noch da und glotzte diesen dämlichen Pokal an, als ihn eine Stimme zusammenschrecken ließ.

»Wie läuft's denn, Thomas?«

Cash wusste, schon bevor er sich umdrehte, wer das war: Da stand Coach Farnsworth, der Basketball-Trainer, und lächelte ihn an.

»Hallo«, sagte Cash lässig. Er wollte beide Hände

in die Hosentaschen stecken, aber mit dem Gipsarm ging das nicht. So trat er von einem Fuß auf den anderen. Wie peinlich, ausgerechnet hier erwischt zu werden, auch noch von dem Mann, der am besten wusste, was für ein Versager er war.

Der Trainer zeigte auf den Gips. »Wie geht's dem Arm?«

»Ganz okay. Ich gewöhn mich dran.« Das stimmte sogar. Die Inschrift von Penny quälte ihn nicht mehr so sehr wie letzte Woche, obwohl die Buchstaben immer noch groß und unübersehbar dastanden und er sie ständig vor Augen hatte.

»Wir vermissen dich im Team.« Der Trainer lächelte.

Cash wusste, dass das gelogen war, und auch das Lächeln war nicht echt. Manchmal sagten Leute eben die Unwahrheit, weil sie anderen ein besseres Gefühl geben wollten.

Coach Farnsworth war ein netter Typ, doch sein Lächeln und die Lüge bewirkten nur, dass sich Cash noch schlechter fühlte.

Als er nichts sagte, redete der Trainer weiter. »Das Jahr geht ganz schön schnell vorbei, was? Kommt einem vor, als wäre die Footballsaison gerade erst rum. Bald kommt schon Leichtathletik. Und dann fängt alles wieder von vorne an.« Er schüttelte den Kopf. »Die Zeit vergeht jedes Jahr schneller.«

Cash konnte nur hoffen, dass das stimmte. Von ihm aus konnte das nächste Jahr in Lichtgeschwindigkeit vergehen. »Scheint so«, sagte er, weil er das Gefühl hatte, er müsste eine Antwort geben.

»Na ja«, sagte der Trainer. »Du solltest jetzt wohl besser mal zurück in den Unterricht, was?«

Cash nickte und lächelte. Erst schaute er dem Trainer hinterher, wie der den Gang entlanglief, dann blieb er noch minutenlang stehen. Er war nicht bereit für die Stunde von Mr. Wills. Er wollte die Fesseln des Unterrichts noch ein bisschen länger los sein.

FITCH
Böse Jungs

Fitch konnte Roboter und feindliche Schiffe zerstören. Er war ohne Weiteres imstande, sich auf dem Weg in den Atomreaktor noch schnell eine Ladung Sauerstoff zu schnappen oder wieder nach draußen zu kommen, bevor das Ding in die Luft flog. Aber das Labyrinth war sein Feind. Sein Kryptonit. Man musste mit dem Schiff durchsteuern, ohne weggezappt oder abgeschossen zu werden. Wie aus dem Nichts tauchten Abzweigungen, Windungen, Ecken und Kehren auf. Egal, wie gut vorbereitet Fitch sich fühlte, das Labyrinth drohte ihn jedes Mal zu vernichten.

Heute war er sowieso nicht in Bestform. Seine Augen klebten zwar an Major Havoc, doch sein Hirn schweifte immer wieder ab. Er hatte Amanda den ganzen Tag nicht gesehen und konnte sich auch nicht vorstellen, dass sie hier in der Spielhalle auftauchen würde, trotzdem sah er sich immer wieder nach ihr um. Wenn er an Skee-Ball vorbeiging, schaute er. Wenn er sich zwischendurch eine Tüte Popcorn holte, schaute er. Wenn ein dichter brauner Haarschopf am Rand seines Gesichtsfelds auftauchte, schaute er. Dabei wusste er gar nicht, warum er nach ihr Ausschau hielt oder was er tun würde, falls er ihr begegnete. Immer wieder versuchte er sich vorzustellen, wie er sich bei ihr entschuldigte, aber er sah kein Bild vor sich. Er malte sich aus, wie es wäre, einfach bloß »Hey, Amanda« zu sagen, als wäre nichts passiert, aber das kam ihm nicht richtig vor. Was wollte er also erreichen?

Nach einer Dreiviertelstunde hatte er alle Münzen verspielt. Er wischte sich die Hände an den Jeans ab und beschloss, noch ein bisschen herumzulaufen. Vern war nicht da, und sonst gab es in der Spielhalle nicht viel zu tun, aber er wollte noch nicht nach Hause.

Also schlenderte er an Galaga, Pole Position, Centipede und Pac-Man vorbei.

Dann lief er zurück zur Popcorn-Maschine.

Als er an der Reihe mit den Flippern vorbeikam, lächelte ihn Mr. Hindley strahlend an. Er stand gerade neben Bright Star One, das zerknüllte AUSSER-BETRIEB-Schild in der Hand. Die Lämpchen blinkten: READY FOR TAKEOFF.

»Stammkunde Thomas«, sagte Mr. Hindley und tätschelte den Flipperautomaten. »Unser Freund ist zurück. Wie wär's mit einem kleinen Testlauf? Hast du Lust?«

»Ich hab kein Geld mehr«, sagte Fitch. »Nächstes Mal vielleicht.«

»Na ja, das ist wohl nicht ganz ernst gemeint, oder? Pinball lockt dich nicht. Ich weiß offen gesagt gar nicht, wieso ich mir überhaupt die Mühe gemacht habe«, sagte Mr. Hindley. »Kein Mensch will mehr flippern.«

Fitch beäugte die Flipperautomaten, fünf in einer Reihe.

»Haben Sie schon mal überlegt, die Dinger zu verkaufen?«, fragte Fitch. »Mit dem, was Sie dafür kriegen, könnten Sie neue Videospiele aufstellen, Alpha Mission zum Beispiel, oder Battle City. Oder einen von diesen vollelektronischen Flippern.«

»Das wäre sinnlos«, sagte Mr. Hindley. »Wozu soll ich mir ein Pseudogerät hinstellen, wenn ich hier echte Flipperautomaten habe?«

Fitch zuckte mit den Achseln. »Bloß so eine Idee.«

»Lass dir das gesagt sein, Fitch – eines Tages wird jemand hier hereinmarschieren und der nächste Flipperkönig werden. Und in null Komma nichts –«

Statt weiterzusprechen, schaute Mr. Hindley über Fitchs Schulter. Ein wissendes Lächeln trat in sein Gesicht.

»Wir reden später weiter«, sagte er und klopfte Fitch auf den Rücken.

Auf einmal war Fitch zwischen den zwei Jessicas eingeklemmt.

»Oh«, sagte er.

Beide Mädchen hatten eine Coladose in der Hand, an den Strohhalmen klebte Lipgloss.

Jessica Diaz strahlte ihn an. »Hey, Fitch.«

»Äh«, machte Fitch.

JB nahm einen Schluck Cola. »Schön, dass du zurück bist.«

»Wieso zurück?«, fragte Fitch mit trockener Kehle.

»Na, in der Schule, du Dummerchen«, antwortete JB. »Nach deinem … *Unterrichtsausschluss.*«

Ihr Flüstern und Grinsen bei diesem Wort war Fitch unbehaglich. Er räusperte sich.

»Wir haben gehört, was passiert ist«, fuhr JB fort. »Wir wissen, dass sie selbst angefangen hat. Da ist es doch total unfair, dich für drei Tage auszuschließen.«

»Äh«, machte Fitch wieder.

Er fühlte sich wie Major Havoc im Labyrinth und wusste nicht recht, was die beiden von ihm erwarteten.

»Aber was anderes«, sagte Jessica Diaz, warf einen kurzen Blick auf ihre Freundin und sah dann wieder Fitch an. »Wir wollten was von dir wissen.«

Fitch fragte, was das denn wäre. Jedenfalls glaubte er, dass er das tat. Er war nicht ganz sicher, ob sein Mund sich wirklich bewegte. Hoffentlich wirkte er nicht so nervös, wie er sich fühlte.

JB biss auf ihren Strohhalm, hob ihn mit den Zähnen ein bisschen an und ließ ihn dann wieder zurückrutschen. »Ob du … irgendwen *magst*?«

Fitch schwitzte an den Händen.

»Ja. Du weißt schon. Ob da irgendwer ist, den du gut findest oder so.«

»Oh.« Fitch wünschte sich Mr. Hindley zurück. Mit ihm fühlte er sich viel wohler als mit den beiden Jessicas. Ihm wurde heiß, es kam ihm vor, als ob ein starker Scheinwerfer auf ihn gerichtet wäre. »Nein.«

Die Gesichter der Jessicas hellten sich auf. Anscheinend war das die richtige Antwort.

»Gut«, sagte Jessica Diaz. »Es gibt da nämlich eine Person, die *dich* mag, und wir haben uns gefragt, ob du dich eventuell für sie interessierst.«

JB verdrehte die Augen. »Natürlich tut er das.« Sie spielte wieder mit ihrem Strohhalm. »Willst du wissen, wer es ist?«

Fitch konnte nichts sagen. Er versuchte immer noch zu verarbeiten, was aus den Mündern der beiden kam.

»Okay«, sagte er nach einer Weile.

»Es ist Rachel«, sagte JB. Sie wippte auf den Zehen, als wäre das die Nachricht des Jahrhunderts. Vielleicht war das auch so. »*Rachel Hill.*«

Fitch starrte sie ausdruckslos an.

Sollte das ein Witz sein?

»Äh.« Fitch schob die Hände in die Taschen.

»Sie hat's mir heute erzählt«, fuhr JB fort. »Sie hat nämlich eine Schwäche für *böse Jungs*, hat sie selbst gesagt.«

»Böse Jungs«, wiederholte Fitch. Die Worte erreichten zwar seine Ohren, ergaben aber keinen Sinn. Rachel Hill. Er. Böse Jungs. Fitch versuchte sich an einem Satz: »Ich bin nicht …«

Als er abbrach, starrten ihn die Mädchen nur an. Ihr Strahlen verblasste, sie guckten jetzt verwirrt. Jessica Diaz legte den Kopf schief wie ein Hund, der ein unbekanntes Geräusch gehört hat.

»Es ist Rachel Hill«, sagte sie. »Magst du sie etwa nicht?«

Ob er sie mochte? Er hatte noch nie ein Wort mit ihr gewechselt. Ihm war nicht mal der Gedanke gekommen, er könnte das tun. Rachel lebte in einer anderen Galaxie.

Und was sollte das überhaupt heißen, jemanden *mögen*?

Er dachte an Vern mit seinen fettigen Fingern und dem verknallten Blick.

»Äh«, machte Fitch. »Ich bin eigentlich nicht auf der Suche nach einer Freundin.«

Den beiden Jessicas klappte zeitgleich die Kinnlade herunter. Er hatte noch nie zwei Menschen gesehen, die derart entgeistert wirkten. Es war, als hätte er gerade eine Million Dollar verbrannt. Anscheinend wollten sie noch etwas sagen, aber Fitch beachtete sie nicht mehr. Seine ganze Aufmerksamkeit galt jetzt einem großen Mädchen mit braunen Haaren, das neben Asteroids stand. Sie drehte sich um.

Es war nicht Amanda.

Er atmete aus.

»Ich muss los«, sagte er.

Mit klopfendem Herz schlängelte er sich zwischen den Jessicas durch und ließ sie vor den blinkenden Lichtern von Bright Star One stehen.

CASH
Ein dünner Strich

An der Wand in Cashs Zimmer gab es einen Strich. Er wusste nicht mehr, wann er ihn gemacht hatte. Letztes Jahr vielleicht. Es war eine simple, kaum sichtbare Bleistiftmarkierung ziemlich hoch oben. Sie diente ihm als Ziellinie. Bis dahin wollte er kommen. An dem Tag, an dem seine Fingerspitzen diesen Strich erreichten, würde er ein ernst zu nehmender Basketballspieler werden. Dann hätte Dr. J, der ihm von dem Poster auf der anderen Zimmerseite beim Springen zuschaute, endlich Grund, stolz auf ihn zu sein. Allerdings hätte der Abstand zwischen Cashs Fingerspitzen und dem Strich genauso gut eine Meile weit sein können. Er kam nie auch nur in die Nähe.

Eine Weile lang hatte ihn diese Markierung gequält. Sie war der sichtbare Ausdruck seines sportlichen Versagens. Aber wegradiert hatte er sie nie. Stattdessen lernte er mit der Zeit, sie zu ignorieren.

Er konnte sich nicht erinnern, wann er sie zum letzten Mal so genau angeschaut hatte wie jetzt.

Bestimmt war er besser geworden.

Bestimmt war er gewachsen.

Bestimmt konnte er es jetzt.

Er hüpfte ein paarmal auf und ab und lockerte seine Schultern. Er bewegte die Finger der rechten Hand, die wie verkrüppelte Würstchen aus dem Gips vorschauten.

Dieses Mal würde er es schaffen, bis hoch zur Markierung zu springen, auch wenn er sich sein Handgelenk dabei vielleicht noch mal verletzte.

Er atmete tief durch und sprang.

Er kam nicht mal in die Nähe.

Fast konnte er Dr. J seufzen hören.

Als er sich mit einem leisen Fluchen umdrehte, stand Bird in der Tür.

»Mom holt für abends was von Kentucky Fried Chicken«, erklärte sie. »Was machst du da?«

Bei jeder anderen Person als Bird hätte Cash sich geschämt.

»Nichts«, antwortete er. »Ich trainier meinen Sprungwurf oder so. Bringt bloß nichts.«

Er setzte sich hin, mit dem Rücken zur Wand, und redete einfach weiter, ohne zu wissen, warum. »Ich kann überhaupt nichts gut«, sagte er. Klar, das war selbstmitleidig, aber das kümmerte ihn nicht. Er zählte an den Fingern ab: »Ich bin zu dämlich für die Schule. Ich kann nicht werfen. Ich kann nicht springen. Ich kann nicht mal solche blöden Hamburger braten.« Sein Hals brannte. »Rennen ist das Einzige, was ich kann.« *Vor den Hausaufgaben wegrennen. Vorm Körbetreffen wegrennen.*

Bird zuckte mit den Achseln. »Na, das ist doch was.«

»Was soll das denn heißen?«

»Du hast gerade gesagt, dass du gut rennen kannst.«

Cash schnaubte. »Klar. Wegrennen vor den Hausaufgaben. Wegrennen vor Noten, mit denen ich versetzt werde. Na sicher. Echt toll, Bird. Danke für die Aufmunterung.« Er ließ den Kopf an die Wand sinken.

»Vielleicht machst du nur den falschen Sport«, sagte sie.

Und dann schloss sie die Tür.

BIRD
Die letzte Grenze

Bird ergatterte sich mit ihrem Essay einen Platz in der Aula. Auch Devonte und Dani würden mit dabei sein. Es dauerte nur noch drei Tage bis zum Start – am Donnerstag wäre es so weit. Ms. Salonga klopfte zur Erinnerung an die Tafel, wo sie das Datum aufgeschrieben und unterstrichen hatte.

»Wir haben diesen Monat viel über Raumfahrt gesprochen, aber eine sehr wichtige Frage ist noch unbeantwortet«, sagte Ms. Salonga und lehnte sich gegen die Ecke ihres Tischs. »Für viele Amerikaner steht sie an erster Stelle. Es ist eine ganz einfache Frage: Warum? Warum wollen wir ins Weltall? Warum geben wir so viel Geld aus, um Astronauten dort hochzuschicken?«

Ein paar Schüler hoben sofort die Hand, aber

Ms. Salonga wehrte sie ab und sagte, sie sollten sich in ihren Shuttle-Teams zusammensetzen und gemeinsam über diese Frage brainstormen. Jedes Team sollte mindestens fünf stichhaltige und wohlüberlegte Gründe finden, warum die Erforschung des Weltalls wichtig war. Es wäre die Aufgabe des Kommandanten oder der Kommandantin, die Antworten aufzuschreiben und dafür zu sorgen, dass sich alle Crew-Mitglieder beteiligten.

Stühle scharrten über den Boden, während sich alle in ihren Gruppen zusammenfanden. Als Devonte seinen Tisch näher an ihren rückte, hämmerte Birds Herz. *Ta-damp. Ta-damp.* Die Aussicht, den *Challenger*-Start mitzuerleben, war das Einzige, was Bird daran hinderte, jedes Mal vor Nervosität auszuflippen, wenn sie in Devontes Nähe war. Sie versuchte sich auf etwas anderes zu konzentrieren. Richtete den Blick starr auf Christopher und Marcus, als die beiden zur Gruppe stießen. Christopher trug heute Aerosmith.

Als alle an ihrem Platz waren, klappte Dani ihr Notizbuch auf.

»Wer will zuerst?«, fragte sie.

Alle schauten Bird an, aber sie war nicht bei der Sache. Die Nähe von Devonte war einfach zu viel.

»Ich weiß was«, sagte Devonte. »Die Erforschung des Weltalls ist wichtig, weil uns vielleicht der Platz ausgeht.«

Dani schrieb mit, guckte aber skeptisch. »Wie meinst du das?«

»Auf der Erde«, erklärte Devonte. »Wenn es hier zu voll wird, fehlt uns der Platz für alle. Wo sollen wir dann hin?«

Jessica Diaz verdrehte die Augen. Auch wenn Bird sich nicht sicher war, hatte sie doch das Gefühl, Jessica würde dabei mehr in ihre Richtung schauen statt in seine. Als wäre sie, Bird, irgendwie verantwortlich für alles, was Devonte von sich gab.

»Also ehrlich, Devonte. Das dauert doch Ewigkeiten, bis uns der Platz ausgeht. Gibt schließlich Millionen Orte, wo Menschen hinkönnen.«

Devonte verschränkte die Arme. »Sag mir einen.«

»Denk doch mal an alle Gegenden auf der Welt, in denen keiner lebt. Berge und Regenwälder und so Zeug.«

JB nickte.

Christopher sagte: »Na ja, *jetzt* ist da noch Platz. Aber was, wenn es viermal so viele Leute gibt?«

»Genau«, meinte Devonte.

Dani strich durch, was sie zuerst aufgeschrieben hatte, und sagte: »Ich schreibe ›im Fall von Überbevölkerung‹.«

Devonte grinste die Jessicas triumphierend an.

»Was noch?«, fragte Dani.

»Leben auf anderen Planeten oder so«, sagte JB. »Wir müssen in den Weltraum, um zu sehen, ob da jemand ist.«

»Wieso soll es einen Unterschied machen, ob es da draußen Leben gibt oder nicht?«, fragte Christopher. »Wir haben hier auf der Erde schon so viele Lebensformen, die keiner begreift.«

Marcus und Devonte lachten.

»Es ist aber *wichtig* zu wissen, ob es im Universum Aliens gibt«, beharrte JB. »Vielleicht wollen wir uns ja mit ihnen anfreunden?«

»E. T.s Raumschiff wollte die Erde erkunden, aber dann haben die Typen in den weißen Mänteln ihn beinahe umgebracht«, sagte Christopher.

»Egal«, sagte Jessica. »Jedenfalls hat er sich mit Eliott *angefreundet*, darum ging doch der ganze Film.«

Dani schrieb auf: »Uns mit Aliens anfreunden.«

Bird räusperte sich. »Rohstoffe«, sagte sie.

Sie konnte sich nicht erinnern, gegenüber ihren Mitschülern schon jemals so nervös gewesen zu sein. Und das nur wegen Devonte und dem Verknalltsein. Exakt in dem Moment, als Dani »Rohstoffe« notierte, beschloss Bird, dass es zu nichts Gutem führte, jemanden auf diese Art zu mögen.

»Wie meinst du das?«, fragte Jessica Diaz.

»Na ja«, begann Bird. »Es kann doch sein, dass uns irgendwann die Rohstoffe ausgehen. Wegen der Überbevölkerung oder so.« Devonte lächelte und freute sich über die Bestätigung, doch sie ignorierte ihn. »In hundert Jahren oder wann auch immer haben wir auf der Erde vielleicht nicht mehr genug Rohstoffe. Wenn wir Planeten finden würden, die welche haben, Treibstoff oder Wasser und solche Sachen, hätten wir einen Ausweichplan.«

Alle nickten.

»Ich weiß noch was«, sagte Christopher und zeigte auf Danis Notizbuch. »Wenn wir nicht in den Weltraum gehen, tun das andere Länder. Was ist, wenn die Russen da draußen einen Planeten aus einem nuklearen Killergas finden? Dann wären die früher dort als wir. Wir sollten die Nummer eins sein.«

Dani notierte: »Weltherrschaft.« Alle nickten zustimmend.

»Das sind jetzt vier«, erklärte Dani. »Wir brauchen mindestens noch einen.«

Niemand schlug etwas vor. Nicht mal Bird. Sie war immer noch nicht richtig bei der Sache.

Nach ein paar Minuten Stille richtete sich Danis Blick auf Marcus Sturgess, der die ganze Zeit still dagesessen und in seinem Heft herumgekritzelt hatte.

»Was ist mit dir, Marcus?«, sagte sie. Ihre Stimme klang unsicher. »Fällt dir irgendwas ein?«

Er zuckte mit den Achseln.

Ein eigenartiges Zittern lag in der Luft. Marcus war so unauffällig, dass die Leute ihn oft vergaßen. Und oft fehlte er auch wirklich im Unterricht. Heute war er aber da, heute saß er auf seinem Stuhl, unter den prüfenden Blicken seiner fiktiven Mit-Astronauten. Er schaute auf, aber nur kurz.

»Das ist doch blöd«, nuschelte er schließlich.

Dani zog die Augenbrauen hoch. »Was ist blöd?«

»Die Weltraumerforschung«, sagte er. »Ms. Salonga will, dass wir Gründe finden, warum es sinnvoll ist, ins All zu fliegen, aber das *ist* es überhaupt nicht.«

Wenn Marcus eine Maschine wäre, überlegte Bird, dann wohl eine, die die Luft schwerer machte. So was wie ein Wasserverdunster.

»Im All gibt es riesiges Zeug«, fuhr Marcus fort. »Asteroiden. Meteoriten. Kometen. Denkt doch mal dran, wie gewaltig groß das Universum ist. Ms. Salonga hat gesagt, es hätte einen Durchmesser von über 90 Milliarden Lichtjahren. Und dann stellt euch vor, wie klein wir sind. Wir sind so gut wie nichts. Da draußen könnte ein gigantischer Feuerball rumschwirren, der irgendwann direkt auf uns zurast, und wir könnten nichs dagegen tun. Überhaupt nichts.«

Die Jessicas drehten sich gleichzeitig zum Fenster, als hätte Marcus da draußen tatsächlich einen Feuerball heraufbeschworen.

»Oh«, sagte Dani.

Bird sackte auf ihrem Stuhl ein wenig zusammen. Sie hatte das Gefühl, auf der Stelle zu schrumpfen, immer kleiner und kleiner zu werden, während das Universum um sie herum wuchs und wuchs.

Wir sind so gut wie nichts.

»Wir brauchen aber immer noch einen fünften Grund«, sagte JB. Ihre Stimme klang wie von weit her.

Spürte sie es auch?

Dani räusperte sich. »In *Star Trek* nennen sie das

Weltall immer ›die letzte Grenze‹«, sagte sie. »Wir haben die Erde überall erforscht. Das Weltall ist das letzte große Geheimnis.« Pause. »Findet ihr, das ist ein Grund?«

Alle nickten. Alle außer Marcus.

Bird beobachtete konzentriert, wie Dani »letzte Grenze« in ihr Notizbuch schrieb.

CASH
Hallo, Trainer

Normalerweise versuchte Cash, schnell zu sein, um einen guten Platz in der Mittagessensschlange zu ergattern, doch heute schlenderte er an der Cafeteria vorbei zur Sporthalle. Coach Farnsworths Büro lag direkt beim Basketballfeld, wo Cash früher mit Kenny und Brant Sprungwürfe geübt hatte. Die Tür stand offen. Sein Schreibtisch war mit Heftmappen, Umhängebändern und anderem Kram bedeckt, direkt vor ihm lag ein halb aufgegessenes Sandwich. Mr. Farnsworth hatte eine Zeitschrift aufgeschlagen vor sich liegen, in der es anscheinend um den Halleyschen Kometen ging.

»Hallo, Trainer«, sagte Cash.

Coach Farnsworth blickte auf und lächelte. Seine

Backe war ganz ausgebeult vom Essen. Kauend fragte er: »Hallo, Thomas. Was kann ich für dich tun?«

Nach einem kurzen Seitenblick auf das Basketballfeld betrat Cash das Büro. Seit dem Tag, als er das Team verlassen musste, war er nicht mehr hier gewesen. *Wir würden dich wirklich gern behalten,* hatte der Trainer gesagt, *aber wenn du den Mindest-Notendurchschnitt nicht schaffst, kannst du nicht in einer Schulmannschaft spielen. So sind die Regeln.* Die Worte waren durch den Raum gehallt. Damals hatte Cash sich gefragt, ob der Trainer wohl insgeheim froh war, dass seine Noten abgerutscht waren. Das machte es ihm viel leichter, Cash vom Platz zu kriegen. Wobei das nicht Mr. Farnsworths Art war – er war ein guter Typ, unterstützte sie immer, ermutigte sie, ihr Bestes zu geben. Aber was im Herz und Hirn eines Menschen vor sich geht, wusste man eben nie.

»Mhm.« Cash trat von einem Bein auf das andere. »Ich habe mir etwas überlegt und wüsste gern, was Sie davon halten.«

Der Trainer klappte die Zeitschrift zu, lehnte sich zurück, schluckte den letzten Bissen herunter und öffnete weit die Arme. »Na dann, schieß los.«

»Na ja …« Cash holte tief Luft. »Ich hab nachgedacht über das, was Sie mal gesagt haben, als ich noch im Team war. Dass ich ein guter Läufer wäre und so …«

»Genau. Wenn ich mich recht erinnere, schaffst

du eine Meile in unter sechs Minuten. Das können nicht viele.«

»… und da hab ich mir gedacht … na ja, ich meine, ich hab mich gefragt … oder überlegt …« Er hatte nicht so unsicher klingen wollen, aber am Ende wirkte das, was er zu sagen hatte, wie eine Frage. »Ob ich vielleicht ins Laufteam könnte?«

Coach Farnsworth beugte sich vor und zog die Augenbrauen hoch.

Oje, dachte Cash. *Jetzt treibt er mich mit schallendem Lachen aus dem Büro. Bestimmt sagt er gleich: Gib's auf, Junge, du bist einfach kein Athlet. Wann kapierst du das endlich?*

»Basketball war immer dein großes Ding«, sagte der Trainer.

»Na ja, stimmt. Ich hab halt gedacht, ich könnte mal die Sportart wechseln.«

Der Trainer lächelte. Ein breites, ehrliches Lächeln.

»Gute Idee«, sagte er. »Laufen könnte genau das Richtige für dich sein. Die Auswahltests sind erst im März, also hast du noch eine Weile Zeit, dich vorzubereiten. Und das Beste ist …« Er zeigte auf Cashs Arm. »Der Gips hält dich nicht vom Training ab.«

Jetzt lächelte auch Cash.

»Nur eins noch«, sagte der Trainer und zeigte auf Cashs Rucksack. »Deine Noten. Du kennst die Regeln, richtig?«

»Ja, Mr. Farnsworth. Der Mindest-Notendurchschnitt für die Leute in den Schulteams gilt für alle.«

Der Trainer nickte. »Egal, welche Sportart du machst. Die Regel für Leichtathletik ist nicht anders als die für Basketball. Aber das sollte kein Problem sein.« Er legte den Kopf schief. »Stimmt's, Thomas?«

Jetzt war Cash dran mit Nicken. »Stimmt, Mr. Farnsworth.«

BIRD
Ich berühre die Zukunft

Bird: Ich habe heute wieder eine Schemazeichnung gemacht. Der alte Walkman von meinem Dad. Aber ich konnte mich nicht gut konzentrieren, in meinem Kopf waren zu viele Gedanken.

Judith Resnik: Was für welche denn?

Bird: Na ja. Hauptsächlich habe ich über das nachgedacht, was Marcus heute gesagt hat. Dass das Universum so riesig ist und wir so klein.

Judith Resnik: Das Universum ist groß. Menschen sind klein. Das war immer klar.

Bird: Ich weiß, aber … er hat auch noch andere Sachen gesagt. Hinterher musste ich die ganze Zeit daran denken. Ich glaub, ich komm nicht so gut damit klar, dass wir bloß Staubkörnchen mitten in einer gewaltigen Leere sind.

Judith Resnik: Das ist eine Art, es auszudrücken.

Bird: Es muss doch einen Grund für alles geben, oder? Ich meine, du willst doch nicht einfach so ins Weltall, nur zum Spaß oder wegen der Weltherrschaft.

Judith Resnik: Natürlich nicht.

Bird: Was hättest *du* Marcus gesagt? Was hätte ich sagen sollen?

Judith Resnik: Ich hätte ihm den Satz von Christa McAuliffe gesagt. Du weißt schon, welchen ich meine. Ms. Salonga hat ihn auf einen Zettel geschrieben und an ihren Tisch geklebt.

Bird: Ja. Ich weiß, welchen Satz du meinst.

Judith Resnik: Christa hat gesagt: »Ich berühre die Zukunft.« Genau das ist der Sinn, Bernadette. Die Zukunft berühren.

Bird: Das gefällt mir.

Judith Resnik: Mir auch.

Bird: Gute Nacht, Judith.

Judith Resnik: Gute Nacht, Bird.

Donnerstag, 23. Januar 1986

FITCH
Sammelt eure Gedanken

Der *Challenger*-Start war verschoben worden, aber Ms. Salonga hielt trotzdem weiter ihre endlosen Vorträge. Dann war endlich Donnerstag und das Wochenende in Sicht. Fitch beschloss, sein ganzes Mittagessensgeld – und dazu ein paar Vierteldollarmünzen, die er aus dem Zimmer seiner Eltern gemopst hatte – gleich nach der Schule in Major Havoc zu stecken, mit dem Ziel, den eigenen Highscore zu knacken. Mit den Ablenkungen war es vorbei. Von Amanda hatte er weit und breit nichts gesehen. Das musste ein Zeichen sein, dass er die Sache endlich vergessen und mit seinem Leben weitermachen konnte. Schließlich hatte er keinen *Mord* begangen oder so.

Nachdem dieser Plan einmal gefasst war, erschien

ihm der noch vor ihm liegende Schultag endlos, dabei hatte der Unterricht eben erst begonnen. Ms. Salonga stand vor der Klasse und laberte über Astrogramme, was sich anhörte wie irgendwas aus den *Jetsons,* dieser albernen Zeichentrickserie über die Zukunft.

»Wer von euch glaubt, dass es auf anderen Planeten Leben gibt?«, fragte sie und ließ die Kreide von einer Hand in die andere hüpfen. Fitch wusste, dass sie sich für das Teacher-in-Space-Programm beworben hatte, und versuchte sich vorzustellen, wie sie auf ihrem Weg zu den Sternen wohl in einem Raumanzug aussehen würde. Ein seltsamer Gedanke.

Die meisten in der Klasse hoben die Hand. Fitch nicht. Nicht weil er nicht an Leben auf anderen Planeten glaubte, sondern weil ihn das einfach nicht kümmerte, so oder so. Gedanken über das Leben auf anderen Planeten würde er sich vielleicht dann machen, wenn er das Leben auf der Erde begriffen hatte.

»Es wäre doch fantastisch, wenn wir herausfinden könnten, ob ihr recht habt«, fuhr Ms. Salonga fort. »Manche Astronomen gehen davon aus, dass es in unserer Galaxie bis zu zehn Millionen bewohnbare Planeten geben kann. Aber genauso gut können es auch nur zwanzig sein. Und vielleicht doch auch nur einen – die Erde. Wir haben noch nicht die technischen Mittel, um auf der Suche nach Leben zu weit entfernten Planeten vorzudringen. Aber die Technologie, mit ihnen zu kommunizieren, die haben wir sehr wohl. Oder es jedenfalls zu versuchen. Ein Beispiel dafür ist das Radioteleskop im Arecibo-Observatorium in Puerto Rico. Neunzehnhundertvierundsiebzig ist von dort die erste Botschaft ins All geschickt worden, auf der Suche nach außerirdischem Leben. Solche Botschaften nennen wir Astrogramme.«

Rachels Hand schoss in die Höhe. »Was steht denn in den Astrogrammen?«, fragte sie.

Ms. Salonga antwortete – es ging da wohl irgendwie ums Sonnensystem und die Grundprinzipien der Technik –, aber Fitchs Gedanken waren schon abgeschweift. Statt zuzuhören, schaute er von seinem Platz hinten im Klassenzimmer Rachels Pferdeschwanz an. Ihr Interesse an ihm war schnell verblasst. Er hatte von den beiden Jessicas kein Wort mehr über die ganze Sache gehört. Und von Rachel schon gar nicht. Aber das bedeutete nicht, dass Rachel kein Thema mehr war. Mit jedem Tag, der verging, wuchs Verns Begeisterung für sie.

»Gestern Abend hab ich sie wieder angerufen«, hatte er am Morgen zu Fitch gesagt. »Sie meinte, sie könnte jetzt nicht reden, sie müsste Hausaufgaben machen, aber sie hat mich nach meiner Nummer gefragt, um mich zurückzurufen.«

»Und hat sie es getan?«, fragte Fitch.

Verns Lächeln verschwand. »Nein. Aber wetten, heute macht sie's.«

Fitch hatte gesagt, davon sollte er besser nicht

ausgehen. Das hatte nicht sonderlich scharf klingen sollen, war aber so herausgekommen.

»Du bist bloß eifersüchtig, weil du nur Mädchen kriegen kannst, die aussehen wie Bibo aus der Sesamstraße«, hatte Vern gesagt.

In dem Moment hätte Fitch Vern gern geschubst. Richtig fest geschubst. Teils, weil Vern ihn runtermachte, und teils, weil er Amanda runtermachte.

Das ergab keinen Sinn, und das wusste er auch. Schließlich hatte Fitch Amanda schlimmer zugesetzt als irgendwer sonst – so sehr, dass sie danach wie vom Erdboden verschluckt war –, also hatte er ja wohl kaum das Recht, sich jetzt für sie einzusetzen.

Fitch fiel ein, dass er Vern ganz simpel die Klappe stopfen könnte, indem er ihm erzählte, dass Rachel ihn, *Fitch*, mochte oder das zumindest letzte Woche getan hatte. Doch das behielt er lieber für sich.

Ms. Salonga nahm einen Stapel Karteikarten und streckte sie in die Höhe – ein todsicheres Zeichen, dass sie gleich alle zwingen würde, bei irgendeiner Aktion mitzumachen. Hoffentlich nicht wieder eine Aufgabe für die Shuttle-Mannschaft. Er würde jede Münze in seiner Tasche dafür eintauschen, bei so was nicht mitmachen zu müssen.

Zum Glück war das nicht nötig.

Diesmal war es eine Einzelaufgabe.

»Ich möchte, dass ihr euch eine Karteikarte nehmt und euer eigenes Astrogramm schreibt«, sagte Ms. Salonga, während sie im Klassenzimmer herumlief und die Kärtchen austeilte. »Überlegt euch gut, was ihr sagen wollt. Denkt genau nach. Was möchtet ihr über das Leben auf diesem Planeten mitteilen? Wovon sollen andere Lebensformen eurer Meinung nach erfahren? Was müssen sie unbedingt verstehen, um in unserer Umgebung überleben zu können? Was ihr sagen könnt, ist begrenzt, genau wie die Botschaften der Wissenschaftler. Ihr habt nur den Platz auf dieser Karte, und zwar nur die eine Seite. Was wollt ihr der restlichen Galaxie mitteilen?«

Manche Leute schrieben schon, bevor Ms. Salonga mit ihrer Erklärung fertig war.

»Nehmt euch Zeit«, erinnerte sie alle. »Sammelt eure Gedanken.«

Fitch starrte die leere Karteikarte an.

Er sammelte seine Gedanken.

Und nahm den Stift.

CASH
Auf welchem Planeten?

Außer an Festtagen gab es in der Familie Nelson Thomas nie ein gemeinsames Abendessen, bei dem alle zusammensaßen, wirklich niemals. Bird hatte zwar den Tisch frei geräumt – eine Ecke zumindest –, aber auch das führte nicht dazu, dass sich jemand zum Essen hier niederließ. Trotzdem war ihr Einsatz nicht umsonst gewesen. Cash saß jetzt am Tisch, das Geo-Buch aufgeschlagen vor sich. Mit den Fingern der rechten Hand umklammerte er angestrengt einen Bleistift und versuchte gleichzeitig, trotz Gips mit dem Notizbuch klarzukommen, eine herausfordernde Aufgabe, die er noch nicht ganz im Griff hatte.

Als Mrs. Thomas von der Arbeit nach Hause kam, stellte sie wie immer ihre Handtasche auf der Kücheninsel ab. Dann beäugte sie misstrauisch ihren ältesten Sohn.

Er schaute hoch. »Hallo, Mom. Wusstest du, dass die Venus der dritthellste Himmelskörper ist, nach der Sonne und dem Mond?«

Sie warf einen Blick zurück zur Eingangstür, als wäre sie versehentlich durch ein Portal in ein anderes Universum katapultiert worden.

»Auf welchem Planeten bin ich gelandet?«

ASTROGRAMM

Die Luft ist aus Sauerstoff, aber macht euch keine Sorgen, giftig ist sie nicht. Wir haben hier Schwerkraft, also kann es sein, dass ihr euch am Anfang schwerer fühlt. Oder leichter, je nachdem, wie es zu Hause auf eurem Planeten ist. Es gibt viele Arten von Menschen, daher sehen wir alle irgendwie anders aus, aber eigentlich sind wir alle gleich. Man kann hier Pflanzen essen und auch manche Tiere, aber keine Menschen. Wir wollen eure Freunde sein, also habt keine Angst. Ihr seid hier sicher. Mit besten Grüßen, Bird Thomas

---

Astrogramm Fitch T.

Kehrt besser um.
Glaubt mir.

BIRD
Der Moment der Wahrheit

Es war der Moment der Wahrheit.

Als die Stunde bei Ms. Salonga vorbei war und alle ihre Bücher einpackten, tippte Bird Devonte auf die Schulter und fragte ihn, ob sie ihn kurz sprechen könne. Einen Moment lang guckte er verwirrt.

»Klar, Bird«, sagte er dann.

Im Augenwinkel bemerkte sie die beiden Jessicas und Dani, beschloss aber, nicht weiter auf sie zu achten. Danis Neugier war deutlich zu erkennen. Bird hatte mit ihr nie näher über Devonte gesprochen; sie interessierte sich nicht sonderlich für Gespräche über Jungs. Lieber hörte sie Dani zu, wenn die mal wieder zwei Stunden am Stück über *Star Trek* redete.

Irgendwann würde Bird – vielleicht – schon noch in die Boyfriend-Sphäre wechseln wollen.

Aber nicht jetzt.

Das Klassenzimmer leerte sich. Als Bird und Devonte zusammen zur Tür gingen, waren sie halbwegs ungestört. Bird bewegte sich langsam, Devonte folgte ihr.

Ein paar Schritte lang sagten sie gar nichts.

»Also …«, meinte Devonte schließlich. »Worüber wolltest du reden?«

Bird drückte ihre Bücher gegen die Brust. Sie waren jetzt an der Klassenzimmertür angekommen. Sie lotste ihn zur Wand, damit der Wirbel im Korridor sie nicht verschluckte. Im Augenwinkel sah sie, wie Ms. Salonga kurz vor die Tür ihres Klassenzimmers trat, um die nächsten Schüler zu begrüßen.

»Ich muss dir was sagen«, begann Bird. Erst blickte sie auf ihre Füße, dann sah sie Devonte an und räusperte sich. »Auf so eine Art mag ich dich nicht. Aber ich finde es wirklich schön, mit dir befreundet zu sein.«

Devonte hob die Augenbrauen. Einen Moment lang war er wie erstarrt. Seine Augäpfel bewegten sich als Erstes wieder, er schaute erst nach rechts, dann nach links, wie um in der leeren Luft nach Worten zu suchen.

Birds Herz klopfte laut wie nie. Etwas Abscheuliches stand bevor, das spürte sie. Eine kleine Stimme in ihr flüsterte: *Gleich wird dir etwas grauenhaft Peinliches passieren.*

Und so war es auch.

»Äh … okay«, sagte Devonte und entspannte sich. Jetzt trat ein anderer Ausdruck in sein Gesicht: Verwunderung. »Aber … ich mag dich auch nicht, Bird. Nicht auf die Art, meine ich.«

»Oh«, machte Bird. »Oh.«

»Ich finde dich wirklich nett und so. Aber du bist eben nicht die Art von Mädchen, die ich, du weißt schon, *mögen* würde.«

Ein Schwall Lärm driftete zu ihnen herüber – Lachen und ein Pfiff.

»Oh«, machte Bird.

Wie meinte er das?

Sie wollte ihn fragen, wusste aber nicht, wie sie das ausdrücken sollte, und außerdem konnte es ihr ja egal sein, oder? Das war doch genau, was sie wollte – eben nicht die Freundin von irgendwem zu sein?

»Du bist eben, na ja, wie soll ich das sagen, ein bisschen *unscheinbar*, weißt du?«, sagte Devonte. »Ich mein damit wirklich nichts Böses. Ich bin nur …« Er seufzte. »Du bist nicht …« Er zuckte mit den Achseln. »Egal. Was ich jedenfalls sagen will – klar, wir können gerne Freunde sein.«

»Oh«, machte Bird. Mehr als diesen kleinen Laut brachte sie anscheinend nicht heraus.

»Bis später dann«, sagte er und drehte sich von ihr weg.

Sie sah ihm nach, wie er sich immer weiter von ihr entfernte.

FITCH
Der Spielhallen-Gott

Marsh schob seine Brille hoch und verkündete: »Du bist ein Gott.«

Fitch hatte gerade sein bestes Major-Havoc-Spiel aller Zeiten hingelegt. Vern und Marsh standen neben ihm.

»Ehrlich, das war der Hammer«, sagte Vern.

Fast hätte Fitch gelächelt. Aber nur fast. Er war stolz, wirklich stolz, doch seit einer Weile war jeder Moment seines Lebens von einem vagen Gefühl der Enttäuschung eingefärbt. Aber wovon sollte er enttäuscht sein? Er wusste es nicht. Jedenfalls lag seit etwa einem Monat, vielleicht auch schon länger, eine Art Nebel über ihm.

»Wann bringst du mir das Spiel bei?«, fragte Marsh.

Der Junge hatte ihn einen Gott genannt. Halb als Witz, das war klar, aber wie Marsh jetzt zu ihm hochschaute und ihn durch seine lächerlich dicken Brillengläser anblinzelte, kam sich Fitch fast vor, als wäre er wirklich einer.

Er hob den Arm und zeigte auf Pop-A-Shot. »Du kriegst da drüben keinen einzigen Ball rein und bildest dir ein, du könntest *das hier* spielen?« Er schüttelte den Kopf. »Das ist nicht dein Ernst, Marsha.«

Vern lachte.

Marshs bewundernder Blick verschwand. Gut so. Alles war besser als dieses dusselige Kleine-Bruder-Gesicht.

»Na dann«, sagte Marsh. Mit einem kurzen Winken über die Schulter machte er sich auf den Weg zu Ms. Pac-Man.

BIRD
Du bist nicht …

Bird hatte nach etwas gesucht, das sie zerlegen könnte, und war auf dem obersten Brett ihres Wandschranks auf die alte Spieldose gestoßen. Die hatte sie an ihrem neunten Geburtstag bekommen.

»Siehst du?«, hatte ihre Mutter gesagt und die Spieldose vorsichtig auf ihrem Schoß balanciert. »Du drehst an der Kurbel, und dann spielt sie ein Lied. Immer wenn es dir nicht gut geht, fangen die Töne dich auf.«

Eine Woche später war ein Streit ihrer Eltern ausgeartet, und als die lauten Beschimpfungen irgendwann von allen Wänden schepperten, hatte Bird an der Kurbel gedreht, bis ihre Finger weh taten. Aber gegen den Lärm, den ihre Eltern machten, hatte das nichts genützt. Am Ende hatte Bird die Spieldose einfach in den Wandschrank gestopft. Jetzt lagen die

Einzelteile auf Birds Schreibtisch, neben einer halbfertigen Schemazeichnung. Sie wollte die Sache abschließen. Wollte dem Sinn dieser Teile auf den Grund gehen. Aber in ihrem Kopf spukte ohne Ende die Szene vom Morgen.

Du bist … unscheinbar.

Das war schon schlimm genug, aber was danach gekommen war, war noch schlimmer. Die drei Wörter umkreisten Bird, während sie regungslos an ihrem Schreibtisch saß und aus Fitchs Zimmer gedämpfte Musik durch die Wand drang.

Du bist nicht …

Schrecklicher konnte ein Satz nicht anfangen.

Du bist nicht hübsch.

BIRDS BLICK AUF DIE WELT:
SPIELDOSE

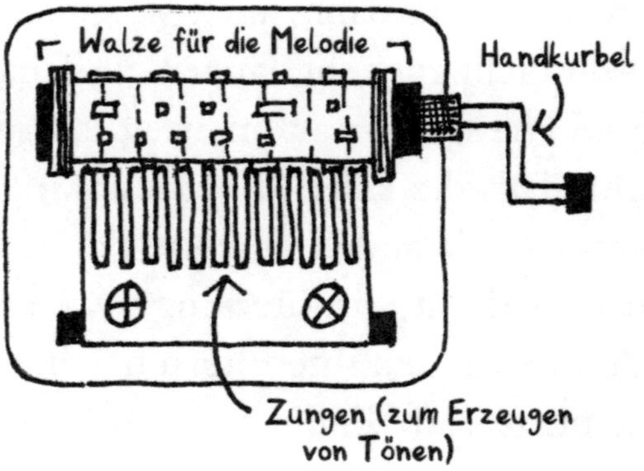

Du bist nicht interessant.

Du bist nicht besonders.

Es gab so viele Möglichkeiten, diesen Satz zu beenden, wie es Sterne am Himmel gab.

Fitchs Musik verstummte.

Die Stille wirkte, als käme sie aus dem tiefsten Innern von Bird selbst.

Du bist bloß irgendein Mädchen aus Delaware.

Hübschsein ist nicht dein Ding.

FITCH
Eine kurze Liste der Pipers

Auch Fitch nebenan hatte sich in sein Zimmer verkrochen. Er sog den Geruch des Telefonbuchs von Park, Delaware, ein und ließ dazu so laut AC/DC laufen, wie es nur ging.

Das Telefonbuch roch nach Zeitungspapier. Sein Zeigefinger und Daumen waren vom Blättern verfärbt. Die kurze Liste der Pipers starrte ihn vorwurfsvoll an.

Amanda selbst kam nicht vor, was nicht weiter erstaunlich war, ansonsten gab es insgesamt acht Pipers, jeweils mit einer eigenen Nummer. Eine von denen musste die Familie von Amanda sein.

Ein altes Tischtelefon stand zwischen Fitch und seinem Ghettoblaster. Weil sich die Hörmuschel gelockert hatte, war es letztes Jahr in den Flurschrank verbannt worden. Bird hatte versprochen, das Ding zu reparieren, und das auch getan, nachdem sie es erst einmal zerlegt hatte, aber bis es so weit war, hatten sie schon ein neues Telefon und dieses hier war vergessen worden.

Fitch hatte es aus dem Flurschrank gefischt, gleich nachdem er sich das Telefonbuch aus der Küche geholt hatte.

Jetzt steckte er das Telefon bedächtig und leise ein und hob den Hörer. Der Wählton erklang laut und deutlich. Das wirkte fast verhängnisvoll.

Er legte wieder auf, ließ seine Fingerknöchel knacken und studierte die Liste der Pipers. *Piper, Adam. Piper, Coretta. Piper, Harold und Margaret. Piper, Oden. Piper, Richard. Piper, Rose.*

Er griff nach dem Ghettoblaster und stellte die Musik aus. *Klack.*

Stille.

Er räusperte sich und schluckte. Rieb sich die feuchten Hände an seiner Jeans.

Nahm wieder das Telefon. *Piper, Adam.*

Es klingelte dreimal, bevor ein Mann abhob. Wahrscheinlich Adam Piper.

»Hallo?«, sagte der vermeintliche Adam Piper.

Zuerst dachte Fitch, er könnte gar nicht sprechen. Dann fragte er hastig: »Ist Amanda da?«

Der Mann zögerte. »Amanda wer?«

Fitch legte auf.

Schüttelte die Hände aus.

Griff wieder zum Telefon. Bei *Piper, Coretta* ging keiner dran, also machte er mit *Harold und Margaret* weiter. Es klingelte zweimal. Er wollte schon auflegen, als sich eine Frau meldete. Sie klang wie die Oma von irgendwem.

»Hallo?«, sagte sie.

Fitch zögerte. »Ist Amanda da?«

»Ja«, sagte sie. »Darf ich fragen, wer dran ist?«

»Mhm«, machte er. »Luke.«

Er löste den Hörer vom Ohr und schlug sich damit an den Kopf. Gott, was war er bloß für ein Idiot. *Luke?* Was sollte das denn? Wieso hatte er nicht seinen richtigen Namen genannt?

»Luke wer?«, fragte die Frau.

»Luke …« Sein Hirn ergänzte *Skywalker*, aber das war wirklich zu albern. Warum war er nur so blöd? »Einfach Luke.«

Die Frau hielt inne. »Einen Moment bitte.«

Er hörte es klappern, als sie den Hörer weglegte. Dann kam gedämpft: »Amanda! Telefon!«

Was würde er sagen?

Er hatte sich vorher natürlich etwas zurechtgelegt, aber jetzt war alles weg.

Als Amanda dranging, klang ihre Stimme irgendwie irreal. Wie ein Phantom. Ein Gespenst.

»Hallo?«, sagte sie.

Er öffnete den Mund.

Es kam nichts heraus.

»Hallo?«, wiederholte sie.

Er schluckte.

»Äh.« Er murmelte etwas wie *Tut mir leid*, aber es kam nicht so heraus, wie er das vorgehabt hatte. Er war sich nicht mal sicher, ob das, was er sagte, überhaupt nach *Worten* klang.

»Hallo?«, wiederholte Amanda noch einmal.

Anscheinend hatte es nicht nach Worten geklungen.

Sondern nach gar nichts.

Genau so fühlte er sich.

Er legte auf.

Sonntag, 26. Januar 1986

CASH
Hört mein Lied für Bird

Für Cashs Vater war nur ein Konflikt schlimmer als der Kalte Krieg zwischen den Vereinigten Staaten und der Sowjetunion, nämlich die Rivalität zwischen den Philadelphia 76ern und den Boston Celtics.

Und heute Abend würden sich die beiden Rivalen auf dem Platz begegnen, via Channel 4 direkt hier im Wohnzimmer der Familie Nelson Thomas.

Cash und sein Vater fieberten dem Spiel schon die ganze Woche entgegen. Jetzt saßen beide auf ihren angestammten Plätzen auf dem Sofa, das Tischchen vor ihnen mit mehr Knabberzeug vollgeladen, als sie jemals essen könnten. Kartoffelchips mit Dip. Bretzeln. Pizzastangen. Käse-Flips. Cashs Mutter verbrachte Abende wie diesen meistens lesend im

Schlafzimmer, aber falls sie doch mal hereinkam, schimpfte sie jedes Mal über die Unmengen von Fett und Kalorien, die die beiden in sich reinstopften.

»Dr. J kriegt heute Abend einfach keinen rein«, sagte sein Vater in der Halbzeitpause. Die Sixers hatten nur einen Punkt Vorsprung. Das machte ihn ganz zapplig, er saß kerzengerade vorn am Rand des Sofas, trippelte mit den Füßen und futterte einen Kartoffelchip nach dem anderen.

»Immerhin wirft er besser als Barkley«, sagte Cash. Wenn jemand etwas gegen Julius Erving sagte, hatte er immer das Gefühl, ihm beispringen zu müssen, als wären die beiden gute Freunde und er müsste Dr. Js Ehre hochhalten.

»Geht doch nur darum, Larry Bird endlich mal bei einem Heimspiel zu besiegen«, gab sein Vater mit vollem Mund zurück. »Wenn wir die in ihrer eigenen Halle fertigmachen, renn ich laut singend die Straße runter.«

Cash lachte und suchte zwischen den Sofakissen nach dem zurechtgebogenen Kleiderbügel, der immer bereitlag, damit er sich unter dem Gips kratzen konnte. Er konnte es kaum erwarten, das dämliche Ding endlich loszuwerden.

»Das ist mein voller Ernst«, sagte sein Dad.

»Und was für ein Lied singst du?«, fragte Cash.

»Ich denk mir selbst was aus, so was wie …« Sein Dad schluckte, starrte kurz auf eine imaginäre Seifenblase in der Luft und sang dann reichlich laut und reichlich schief: *»Hört mein Lied für Bird! Du hast nichts drauf und bist gestört! HÖRT MEIN LIED FÜR BIRD!«*

Er reckte die Arme in die Höhe und sang immer lauter, je mehr Cash lachte. Doch die Vorführung dauerte nicht lange. Ziemlich bald stand nicht Larry, sondern Bird Nelson Thomas in der Basketball-only-Zone, mit verwirrtem Gesichtsausdruck.

Ihr Vater hörte auf zu singen, strahlte aber weiter übers ganze Gesicht. »Hallo du. Magst du auch Knabberzeug?«, fragte er.

Bird warf einen Blick auf ihren Vater und ihren Bruder. »Hast du mich gerufen?«

Jetzt guckten Cash und sein Vater verwirrt.

»Ich hab meinen Namen gehört«, erklärte Bird.

»Oh!«, machte Mr. Thomas. »Nein. Oder besser gesagt ja, es war schon dein Name, aber ich hab Larry Bird gemeint.« Er wedelte Richtung Fernseher.

»Ach so«, sagte Bird. »Na gut.«

Sie drehte sich weg und war schon wieder auf dem Weg in ihr Zimmer, als ihr Vater fragte: »Willst du nicht mit uns das Spiel anschauen?«

»Nein danke.«

»Sicher? Du musst dich nicht in deinem Zimmer vergraben wie deine Mutter und dein Bruder.«

»Weiß ich«, nuschelte Bird.

»Alles okay mit dir? Du wirkst … Keine Ahnung. Irgendwie still.«

Bevor Bird antworten konnte, tauchte Mrs. Thomas im Gang auf, ein Taschenbuch unterm Arm und ein leeres Wasserglas in der Hand. Sie ging in die Küche.

»Bird ist schlecht drauf wegen dem *Challenger*-Start«, sagte Cash, schnappte sich eine Pizzastange und schob sie in den Mund. »Der wird dauernd verschoben.«

»Ach ja, hab ich heute Morgen in der Zeitung gelesen«, sagte Mr. Thomas. Er lehnte sich zurück und schaute wieder zum Fernseher. Der Ton war leise gestellt, weil immer noch Halbzeitpause war. »Wenn du mich fragst, sollten die überhaupt nicht fliegen. Was für eine Idee, Männer und Frauen zusammen ins All zu schicken.« Er schüttelte den Kopf. »Das gibt doch ein einziges Desaster.«

Der Wasserhahn in der Küche verstummte.

»Was hast du da gesagt?«, fragte Mrs. Thomas und stellte ihr volles Glas ab.

Cash und Bird sahen einander an.

»Was denn?«, erwiderte Mr. Thomas, den Blick immer noch auf den Fernseher gerichtet. »Ich finde einfach, das ist keine gute Idee. Ich habe ein Recht auf meine Meinung.«

Mrs. Thomas verschränkte die Arme. Wie ein General, der seine ungehorsame Truppe beäugt, stand sie hinter der Kücheninsel.

»Bitte klär mich auf.«

»Na schön«, antwortete er und sah sie direkt an.

»Es ist einfach nicht gut für Männer und Frauen, so lange in beengten Verhältnissen festzustecken. Wenn die Mischung nicht stimmt, knallt's doch sofort. Die haben zwei Frauen auf der *Challenger*, richtig? Was passiert, wenn die beide gleichzeitig ihre … ihr wisst schon … kriegen? Gibt da oben im All ja keinen Drogeriemarkt gleich um die Ecke. Von den Stimmungsschwankungen und der Anspannung ganz abgesehen. Da kann viel schieflaufen.«

Mrs. Thomas hob die Augenbrauen. Sie löste ihre Arme und stemmte die Hände in die Hüften.

»Hast du überhaupt eine Vorstellung davon, wie ignorant du klingst, noch dazu hier vor den Kindern?«

Mr. Thomas sah Cash an. Dann Bird. Und dann den Fernseher.

»Von wegen *Gleichberechtigung*«, brummelte er. »Man kann nicht mal mehr anderer Meinung sein als eine Frau, ohne gleich –«

»Ich höre dich sehr gut, Mike. Meine Ohren funktionieren einwandfrei.«

Cash konzentrierte sich auf den Bildschirm und die Halbzeit-Highlights. In dem Lärm, den seine Eltern machten, konnte er nicht verstehen, was gesagt wurde, aber was machte das schon? Dann würde er eben auf das achten, was er sah. Da war Charles Barkley. Da war Larry Bird. Da war Dr. J.

Und da war seine Schwester, die sich wieder in ihr Zimmer zurückzog.

BIRD
Unsichtbarsein

Unsichtbarsein hat auch Vorteile. Wenn die Stimmung im Haus zu Dr. Hyde wechselt, achtet keiner mehr auf dich. Du kannst in Winterjacke, Handschuhen und Mütze durch die Tür nach draußen verschwinden, einfach so, obwohl es da unglaublich kalt ist und außerdem auch noch vereist, nachdem es den Tag über die ganze Zeit geregnet hat. Du kannst dir sogar die Schlüssel deiner Eltern schnappen, ins Auto steigen und die Zündung anmachen. Losfahren kannst du natürlich nicht – du weißt nicht, wie das geht –, aber die Heizung aufdrehen und durch die Windschutzscheibe die Sterne betrachten.

Da war Venus. Bei Nacht der hellste Himmelskörper gleich nach dem Mond. Die Venus war der heißeste Planet im Sonnensystem. Der Merkur lag zwar näher an der Sonne, aber durch die besondere Atmosphäre der Venus wurde es dort fast bis zu 500 Grad heiß. Solche Temperaturen waren unvorstellbar, erst recht für jemanden, der mitten im Winter in der kalten Nachtluft hockte.

Bird fragte sich, wo der Halleysche Komet in diesem Moment sein mochte. Und wie es wohl wäre, ihn aus der Nähe zu betrachten, so wie das die *Challenger*-Crew tun würde. Durch die Fenster eines

Space Shuttles sahen die Sterne mit Sicherheit vollkommen anders aus, als wenn man sie nur durch die Scheiben eines Autos betrachtete.

Bird schloss die Augen. Sie stellte sich vor, das Motorengeräusch käme von den Triebwerken einer Rakete. Sie klammerte sich am Fahrersitz fest. Allerdings war es kein Fahrersitz mehr. Sondern der Sitz eines *Shuttles*. Neben ihr saß Judith. Diese Mission würde darüber entscheiden, ob sie zur Shuttle-Kommandantin befördert werden würde. Nichts durfte schiefgehen.

»Alle Systeme bereit«, sagte Bird.

Dann der Countdown: zehn, neun, acht, sieben, sechs, fünf, vier, drei, zwei –

Klopf, klopf, klopf.

Ein unbekanntes Objekt stieß gegen das Fenster des Shuttles.

Achte nicht drauf. Sicher nur Trümmerteile.

Bei welcher Zahl waren wir?

– vier, drei, zwei –

KLOPF. KLOPF. WASMACHSTDUDA?

Halt die Augen geschlossen.

Keine Sorge, Judith. Nur Trümmerteile. Alle Systeme bereit.

BISTDUVERRÜCKTBIRD?

Die Raketentriebwerke verstummten. Judith verschwand – *paff!* –, und das Brummen des Motors war auf einmal wieder ganz von dieser Welt.

Bird öffnete die Augen.

Neben dem Auto stand Fitch und starrte sie entgeistert an.

Sie kurbelte das Fenster herunter. *Quietsch, quietsch, quietsch.* Kalte Luft drang herein.

»Was machst du da?«, wiederholte er. Er trug nicht mal eine Jacke, nur sein langärmliges Donkey-Kong-T-Shirt. Es war so verschlissen, dass Donkey Kong ganz ausgebleicht und zerfurcht wirkte. »Das Auto klauen, oder was?«

»Nein«, sagte Bird. »Ich sitze bloß hier. Und hab die Heizung angestellt, weil es so kalt ist.«

»Die sind fertig mit Streiten«, erklärte Fitch und zeigte zum Haus. Beim Sprechen in der kalten Luft stiegen Atemwölkchen aus seinem Mund. »Mom ist wieder im Schlafzimmer, und Dad schaut das blöde Spiel an.«

»Okay«, sagte Bird.

»Du kannst wieder reinkommen. Du musst nicht hier draußen bleiben.«

»Kann sein«, sagte Bird.

Sie wollte Fitch fragen: *Wie hast du mich gefunden? Ich dachte, ich wäre unsichtbar.* Aber dann ließ sie es bleiben.

Fitch schlang die Arme um die Brust. »Kommst du wieder zurück?«

»Vielleicht.«

Fitch warf einen Blick Richtung Haustür. »Du kriegst Ärger, wenn Dad mitbekommt, dass du das Auto angemacht hast.«

»Kann sein.«

Ärger zu kriegen war eine seltsame Vorstellung. Bisher hatte Bird noch nie Ärger bekommen.

Sie begann das Fenster wieder hochzukurbeln. *Quietsch, quietsch.* Doch bevor es ganz oben war, streckte Fitch seine Hand dazwischen.

»Ich komm auch rein«, sagte er und zeigte mit einem Kopfnicken auf den Beifahrersitz.

Bird hatte keine Zeit zum Protestieren. Sie war sich nicht mal sicher, ob sie das überhaupt gewollt hätte. Stattdessen machte sie das Fenster auf ihrer Seite ganz zu und beugte sich rüber, um die Beifahrertür zu entsperren. Fitch stieg ein, rieb sich die Hände und richtete die Lüftung auf sein Gesicht.

»Schweinekalt ist das!«, sagte er.

»Du hast keine Jacke an.«

»Was machst du hier draußen?«

Bird zuckte mit den Achseln.

Fitch hielt sich die Hände an den Mund und wärmte sie mit seinem Atem.

»Schaust du die Sterne an oder so?«, fragte er. »Ich versteh nicht, wieso du dafür nicht nach hinten in den Garten gehst. Da könntest du sie doch viel besser sehen.«

»Es ist kalt«, sagte sie.

Und Gärten sind nicht für einzelne Leute da, sondern für viele. Sie sind für Hunde da. Oder zum Grillen. Für Familien. Unser Garten ist ein einsamer Ort. Ich will nicht an einen einsamen Ort.

Schweigend saßen sie nebeneinander, bis es Fitch langsam wärmer wurde. Er legte die Hände in den Schoß und starrte nach draußen.

Unsere Mission wurde abgebrochen, Judith, dachte Bird.

»Weißt du, was ich irgendwie cool finde? Schwarze Löcher«, sagte Fitch. »Dass die alles in sich aufsaugen, wie ein Vakuum. Schwupp und weg. Ms. Salonga sagt, man kann sie nicht mal sehen. Aber woher wissen wir überhaupt, dass es sie gibt, wenn man sie nicht sehen kann?«

Bird überlegte. »Ihre Anziehungskraft ist so stark, dass sie alles in ihrer Umgebung schlucken, auch das Licht.«

Sie legte die Hände aufs Lenkrad.

»Hey, Bird?«, sagte Fitch. Er ließ sich zurück auf die Kopfstütze sinken und drehte sich zu ihr. »Es tut mir leid.« Er räusperte sich. »Was ich gesagt habe.«

Wie es wohl wäre, bis in alle Ewigkeit immer weiterzufahren?

»Das mein ich ernst«, sagte Fitch. »Also die Entschuldigung.«

Wie es wohl wäre, immer weiter die Autobahn entlangzufahren und niemals anzuhalten?

»Manchmal sage ich Sachen und weiß nicht, warum«, fuhr er fort.

Bird schluckte. »Vielleicht hattest du ja recht«, sagte sie.

Fitch sah wieder aus dem Fenster. »Ich? Nee, ich hab nie recht.«

Ein Schatten bewegte sich am Wohnzimmerfenster vorbei.

»Wir sollten wieder rein, bevor die hier draußen aufkreuzen«, sagte Fitch. »Kommst du?«

Sie wollte nicht, aber Fitch hatte irgendwie recht. Sie musste den Start erst einmal verschieben. Manchmal waren die Systeme eben nicht bereit. Sie stellte den Motor aus und folgte ihrem Bruder zurück ins Haus, wo Cash gerade Essensreste im Kühlschrank verstaute.

Als sie hereinkamen, schaute er auf.

»Die Sixers haben verloren«, sagte Cash.

»Was für ein Drama«, erwiderte Fitch trocken und verdrehte die Augen.

Bird sagte nichts. Normalerweise zog sie beim Reinkommen ihre Jacke aus und hängte sie an einen Haken bei der Eingangstür, aber heute behielt sie alles an, bis sie in ihrem Zimmer war. Dann warf sie Jacke, Mütze und Handschuhe auf einen Haufen am Boden, machte das Licht aus und ließ sich angezogen aufs Bett fallen. Sogar die Schuhe behielt sie an.

Ihre Gedanken drifteten ohne Ziel.

Sie war nur irgendein Mädchen aus Delaware.

Sie war unscheinbar und langweilig.

Mädchen gehörten sowieso nicht ins Weltall.

Außerdem war sie unsichtbar.

Die Wahrheit ist manchmal das Schlimmste.

Sie schloss die Augen.

Sie wollte erst mal schlafen.

Sie war müde.

Es war an der Zeit, der Wahrheit ins Gesicht zu sehen. Der ganzen Wahrheit.

Sie würde nie ins Weltall kommen. Wem wollte sie etwas vormachen?

Aus ihr würde nie eine Shuttle-Kommandantin werden.

Und nie eine Judith Resnik.

Sie war bloß ein unscheinbares Mädchen, verloren im Nirgendwo. Sie kannte Judith Resnik nicht. Die Gespräche mit ihr waren nicht real und zählten in der Welt nicht das Geringste. Bird benahm sich wie eine Fünfjährige mit einer Fantasiefreundin.

Was für einen Unterschied machte es da, ob sie mit Judith Resnik redete und ihr eine gute Nacht wünschte oder nicht?

Keinen.

Montag, 27. Januar 1986

FITCH

Dieser eine Moment

Fitch hätte es für unmöglich gehalten, dass zwei Leute, die im gleichen Jahrgang der Park Middle School waren, sich nie über den Weg laufen könnten. Schließlich war die Schule ein eigenes Mini-Universum. Die immer gleichen Sterne und Planeten bewegten sich auf den immer gleichen Umlaufbahnen durch die immer gleiche Galaxie, Tag um Tag um Tag. Aber Amanda Piper schaffte es irgendwie, ihm aus dem Weg zu gehen. Heute würde er sie finden. Und seinen Fehler endlich, *endlich* wiedergutmachen.

Er hielt es nicht mehr aus. Die unausgesprochene Entschuldigung verfolgte ihn auf Schritt und Tritt. Er hatte versucht, das Gefühl zu verscheuchen. Hatte sich eingeredet, das alles wäre nicht weiter wichtig und er sollte einfach mit seinem

Leben weitermachen. Aber das ging nicht. Bei seiner Schwester hatte er sich schon entschuldigt. Jetzt würde er das Gleiche bei Amanda Piper tun, und danach könnte er endlich weiterleben, ohne sich so erbärmlich schlecht zu fühlen.

Als ihm endlich, *endlich,* jemand steckte, dass Amanda inzwischen in der sechsten Stunde Unterricht bei Ms. Salonga hatte, flitzte er gleich nach Ende der fünften Stunde den Gang entlang und wartete bei der Klassenzimmertür, um sie abzufangen.

Zuerst sah sie ihn nicht, weil sie den Kopf gesenkt hielt. Als sie ihn dann entdeckte, witschte ihr Blick weg und sie machte einen halben Schritt in die entgegengesetzte Richtung.

»Amanda!«, rief er und verringerte die Distanz zwischen ihnen.

Sie blieb stehen und drehte sich um. Drückte ihre Bücher an die Brust, was ihre Schultern rund werden ließ. Und schaute ihn dabei nicht an.

»Hey«, sagte er. Er zeigte auf eine Stelle bei den Schließfächern, wo niemand sonst war. »Mhm … kann ich einen Augenblick mit dir reden?«

Sie machten ein paar Schritte zur Seite.

Fitchs Herz raste. Er rückte seinen Rucksack zurecht.

»Mhm …«, begann er. »Ich wollte nur sagen …«

Er starrte auf seine Turnschuhe, aber dann kamen ihm aus irgendeinem Grund – vielleicht weil sie vor ihrem Klassenzimmer standen – Ms. Salongas Worte in den Sinn. Etwas, das sie immer sagte, wenn jemand in der Klasse nicht bei der Sache war.

Blickkontakt ist das einfachste Geschenk, das man einem Menschen machen kann.

Ja, so in etwa.

Fitch hob den Kopf.

»Es tut mir leid, Amanda«, sagte er.

Die Worte kamen klar und deutlich heraus.

Er hatte noch nie etwas mit so viel Überzeugung gesagt. Es überraschte ihn selbst.

Auch Amanda schaute hoch. Für den Bruchteil einer Sekunde trafen sich ihre Blicke. Aber das war auch schon alles.

Sie sagte nicht *okay*.

Sie sagte nicht *danke*.

Sie sagte nicht *schon in Ordnung*.

Er wusste nicht recht, was er erwartet hatte, aber er war wohl davon ausgegangen, dass sie irgendetwas sagen würde.

Das tat sie aber nicht.

Sie ging einfach an ihm vorbei und ins Klassenzimmer von Ms. Salonga.

Doch die Worte waren ausgesprochen. Sie waren in der Welt. Die Vergangenheit änderte das nicht, aber auf jeden Fall diesen einen Moment – die Gegenwart.

Er atmete aus.

Dienstag, 28. Januar 1986

BIRD
11.37 Uhr Eastern Standard Time

Vor dem Fernseher waren Stuhlreihen aufgestellt. Bird war als Erste in die Aula gestürmt und hatte einen Platz in der vordersten Reihe ergattert, genau in der Mitte. Bis Dani und Devonte hereinkamen, waren die Stühle um Bird herum belegt. Sie hatte nicht daran gedacht, einen Platz für Dani frei zu halten. Die Aufregung war zu groß. Geistesabwesend fragte sie sich, wo Dani wohl saß, aber sie konnte nicht lange genug stillsitzen, um sich nach ihr umzuschauen. Außerdem wollte sie den Fernseher nicht aus den Augen lassen.

Der Start war schon mehrfach verschoben worden, daher war Ms. Salonga – und damit auch Bird – in ihrem Optimismus ein wenig verhalten gewesen. Aber heute war es wirklich so weit. Das spürte Bird. Ihr Bauch schlug Saltos. Alles, was in diesen letzten Wochen falsch gelaufen war, verblasste im Licht dieses Moments. Das Universum war gekippt und surreal geworden. Hier saß sie, umgeben von Mitschülern aus anderen Klassenstufen, von denen sie viele kaum kannte, aber alle waren sie vereint in diesem einen Moment – oder jedenfalls dem Moment, der gleich käme.

Bird fragte sich, was die anderen wohl in ihren Essays geschrieben hatten.

Sie war die Einzige mit einem Notizbuch, fiel ihr auf.

»Der Countdown könnte wieder angehalten werden«, sagte Ms. Salonga, während sie die vielen Kabel, die hinten aus dem Fernsehgerät kamen, sortierte und festzog. »Seid nicht zu enttäuscht, falls das passiert.«

Als das Bild endlich erschien, war es unscharf und verzerrt. Ein Junge, den Bird nicht kannte, sprang sofort auf und half Ms. Salonga, den Fehler zu suchen. Bird geriet fast in Panik bei der Vorstellung, sie bekämen es nicht hin, aber das Problem war bald gelöst. Sie heftete ihre Augen auf den Bildschirm, den Stift fest in der Hand. Sie wollte kein einziges Detail verpassen.

Jemand schaltete das Licht aus. Ms. Salonga stand im Schein des Fernsehers, wo das Shuttle auf der Abschussrampe stand. Die Astronauten waren schon an Bord. Bird auch. Sie spürte das Gewicht des

Helms auf ihrem Kopf. Den Druck des Sicherheitsgurts an den Schultern.

Das Notizbuch hüpfte auf ihrem Schoß.

»Nach dem Start machen wir eine kurze Unterrichtseinheit und besprechen, was wir gesehen haben und wie es mit dem zusammenhängt, was ihr bisher gelernt habt«, erklärte Ms. Salonga lächelnd.

Die Dunkelheit, das unterdrückte Flüstern und der Schein des Fernsehbildschirms ließen alles unwirklich erscheinen.

Bird hörte ein Knistern.

Eine Männerstimme.

Die Bodenkontrolle.

Passierte das gerade wirklich oder nur in ihrer Einbildung?

»Automatischer Start-Sequencer läuft«, sagte er. »Hydraulikaggregate in Betrieb. T-minus einundzwanzig Sekunden. Kardan aktiviert.«

Bird notierte *Kardan*, um das Wort später nachzuschlagen, dann legte sie die Hände an die seitlichen Stuhlkanten und hielt sich fest. Die Maschinen dröhnten. Flugvorbereitungs-Checks abgeschlossen.

Ihr Herzschlag wummerte in ihren Ohren.

Sie war nervös. Plötzlich wäre sie am liebsten vom Stuhl aufgesprungen und ins Fernsehgerät eingetaucht. Sie wollte irgendwo in diesem Shuttle sitzen, egal wo, neben Judith, neben dem Piloten oder sogar im Laderaum. Ganz egal wo.

Voller Sehnsucht starrte sie auf den Bildschirm.

Der Fernsehapparat war die Sonne in diesem dunklen, dunklen Raum, aber bei dieser Lichtquelle tat das Anschauen nicht weh.

Noch nicht.

FITCH

11.38 Uhr Eastern Standard Time

Wenn man von Ms. Salongas Klassenzimmer hinaus auf den Korridor trat und vier Türen weiterging, kam man zum Zimmer von Mr. Wills, der Sozialkunde unterrichtete. Seine Schüler verfolgten den Start nicht mit. Sie hatten keine Essays geschrieben, um einen Platz in der Aula zu ergattern. Sie wussten nicht, was im Fernsehen gezeigt wurde, und konnten nicht hören, was passierte. Sie wussten nicht, dass der Sprecher inzwischen bei T minus fünfzehn Sekunden angekommen war.

Ziemlich genau in diesem Moment fiel Fitch sein Bleistift aus der Hand.

Er sah zu, wie er unter Penny Barnards Tisch rollte. Die Spitze war abgebrochen.

Irgendwer wird drauftreten, ohne überhaupt etwas zu merken, dachte Fitch. *Am Ende bleibt nur eine Dreckspur übrig.*

Sein Hirn arbeitete nicht gerade auf Hochtouren, aber das war in Mr. Wills' Unterricht auch kaum hinzukriegen. Mr. Wills brabbelte immer monoton vor sich hin und schien meist kurz davor, in ein tiefes Koma abzutauchen. Oft las er nur laut aus dem Schulbuch vor, und er stand so gut wie nie von seinem Pult auf. Manchmal gab er ihnen »freie Zeit«: Damit er in Ruhe Arbeiten korrigieren konnte, sollten sie sich in ihre Sozialkundebücher vertiefen. In Wirklichkeit tauschten sie aber nur Zettelchen aus, tuschelten miteinander oder kritzelten kleine Bilder von Mr. Wills in albernen Situationen. Mr. Wills am Steuer eines Flugzeugs oder beim Fallschirmspringen, immer im Halbschlaf. Oder Mr. Wills als Hirnchirurg, der mit gesenkten Lidern das Skalpell führte.

Fitchs Blick klebte an dem Bleistift, er war wie in Trance.

Er gähnte.

Und schaute zum fünfmillionsten Mal auf die Uhr.

Im Unterricht von Mr. Wills schauten alle fünf Millionen Mal auf die Uhr. Sogar Mr. Wills.

Um zehn vor elf würde es zur Mittagspause läuten, und die Tortur hätte ein Ende. Für heute zumindest.

Fitch überlegte gerade, was es in der Cafeteria wohl zu essen gäbe, als er ein seltsames Geräusch hörte. Jeder hörte es. Mr. Wills brach seinen Vortrag über den New Deal mitten im Satz ab und drehte sich zur Klassenzimmertür. Es war so etwas wie ein Schrei oder ein klagendes Heulen. Schwer zu sagen.

Keiner rührte sich.

Dann ein anderes Geräusch.

WAMMP!

Fitch kannte dieses Geräusch gut – eine Tür, die von der Wand dahinter abprallte.

»Was –«, sagte Mr. Wills und lief zur Klassenzimmertür. Mit der Hand auf dem Türrahmen schaute er nach draußen.

Etwas flitzte den Gang entlang.

Nein, nicht *etwas*.

Jemand.

Nicht irgendjemand.

Bird.

Fitch schoss von seinem Stuhl hoch. Die plötzliche Bewegung erschreckte ein paar andere aus seiner Klasse. Sie sprangen auf und starrten ihn an. Alle wussten, dass er ein Hitzkopf war. Bekam er wieder einen seiner Anfälle?

Nein, er lief zur Tür und rief: »Das war meine Schwester!«

Fitch und Mr. Wills standen Seite an Seite nebeneinander, ein seltsames Paar, und sahen Bird hinterher, wie sie auf der Mädchentoilette verschwand. Fitchs Instinkt zog ihn in zwei gegenteilige Richtungen: Ein Fuß wollte Bird hinterherrennen, der andere wollte bleiben, wo er war, bis Fitch wusste, was hier lief.

Er hörte auf den zweiten Fuß.

Erst als Mr. Wills den Gang entlang Richtung Aula stürmte, setzte sich auch Fitch wieder in Bewegung.

Und folgte dem Lehrer.

Ms. Salonga stand neben dem Lichtschalter, mit einem Gesichtsausdruck, der nicht zu deuten war. Etwa hundert Schülerinnen und Schülter saßen hinter ihr auf den Stühlen, redeten leise miteinander, starrten auf den leeren Bildschirm, glotzten Fitch an, stellten Fragen, drückten sich unbehaglich auf den Stühlen herum.

Fitch bekam eine Gänsehaut.

Die Augen von Ms. Salonga wirkten glasig.

»Was ist passiert?«, fragte Mr. Wills.

»Das Shuttle«, sagte Ms. Salonga.

CASH
11.42 Uhr Eastern Standard Time

Englisch war das Fach, das Cash am wenigsten mochte, was einiges zu sagen hatte, denn im Grunde hasste er ja alle Fächer. Aber er war wild entschlossen, seinen Notendurchschnitt zu verbessern, egal was er dafür tun musste. Und jetzt gerade musste er

Sätze mit den Begriffen aus der Wortschatzliste bilden. Bis zum Ende der Stunde sollte er zehn Sätze geschafft haben, doch bisher hatte er erst sieben. Die meisten in der Klasse waren schon fertig; ihre Blätter lagen mit der Schrift nach unten vor ihnen. Er hatte noch nie verstanden, wie Leute ihre Aufgaben so schnell schaffen konnten. Bis zu diesem Tag hätte er einfach irgendwas hingekritzelt, nur um nicht Letzter zu sein. Heute nicht. Heute hatte er ein Ziel.

Er tippte mit dem Stift aufs Papier. Starrte das Wort *Melancholie* an.

Melancholie. Melancholie. Melancholie.

Oh ja. Er wusste, was das bedeutete.

Er hatte die ersten vier Wörter seines Satzes mit *Melancholie* hingeschrieben, als jemand an die Tür klopfte. Wer auch immer es sein mochte, derjenige wartete nicht ab. Die Tür öffnete sich. Es war Mr. Wills. Seine Stirn lag in tiefen Falten.

Die Englischlehrerin, Ms. Pachenko, betrachtete ihn von ihrem Pult aus mit hochgezogenen Augenbrauen.

»Ja, bitte?«, fragte sie.

Schnell stieß Mr. Wills vier Wörter aus. »Das Shuttle ist explodiert.«

»Das Shuttle?«, fragte Ms. Pachenko.

»Die *Challenger*. Sie ist explodiert.«

»Wie kann im Weltall irgendwas explodieren?«, fragte jemand, der hinter Cash saß.

»Nicht im Weltall«, sagte Mr. Wills. Er sah immer noch Ms. Pachenko an. »Das Shuttle ist gleich nach dem Start explodiert. Die *Challenger* hat es nicht geschafft.«

Sie hat es nicht geschafft.

Cash sah wieder nach unten auf die Wortschatzliste.

Er spürte etwas Unerklärliches.

Die anderen quatschten durcheinander. Irgendwer lachte sogar, machte einen Witz.

Was war denn komisch an einem explodierenden Space Shuttle?

Zuerst flüsterten alle noch, dann redeten sie in normaler Lautstärke weiter, während Mr. Wills Ms. Pachenko die wenigen Einzelheiten berichtete, die er wusste.

»Bird«, sagte Cash zu niemand anderem außer sich selbst.

BIRD
Mittagspause

Bird taten die Beine weh. Sie hatte lange in einer Toilettenkabine gestanden. Wie lange genau, das wusste sie nicht. Gleich nach der Fehlfunktion war sie aus der Aula gerannt. So nannte sie das, was passiert war: eine *Fehlfunktion*. Eine *Explosion* konnte es unmöglich gewesen sein. *Fehlfunktion* klang sicherer und fühlte sich besser an. Fehlfunktionen können Menschen überleben. Außerdem hatte der von der Bodenkontrolle genau das gesagt: *Offenbar eine ernsthafte Fehlfunktion.* Es hatte sich nicht besonders panisch angehört, also gab es vielleicht auch keinen Grund zur Panik. Explosionen konnten einen in Panik versetzen, Fehlfunktionen nicht.

Das hatte sie sich eingeredet.

Aber die Wahrheit war manchmal das Schlimmste.

In Wahrheit war sie weggelaufen, weil sie genau wusste, dass es nicht nur eine Fehlfunktion gewesen war. Sie kannte sich aus mit Maschinen. Und selbst wenn sie keine Astronautin war, kannte sie sich auch speziell mit dieser Maschine aus, dem *Challenger*-Space-Shuttle. Sie wusste, dass er nie auf diese Art hätte auseinanderbrechen sollen. Gleich als es zu der *ernsthaften Fehlfunktion* gekommen war, hatte jemand gefragt: »Sollte das so passieren, Ms. Salonga?«, aber Ms. Salonga hatte nicht geantwortet, sondern die Hand vor den Mund geschlagen. Und Bird hatte gewusst: Nein, natürlich nicht. Das sollte nicht so passieren.

Keiner sagte etwas. Oder vielleicht sagten doch manche Leute etwas, aber Bird hörte sie nicht. Ihre Ohren waren vom Wummern ihres Herzschlags erfüllt. Sie starrte auf die Rauchschwaden, die sich in alle Richtungen verzweigten, und wünschte sich verzweifelt, die Bodenkontrolle würde irgendetwas sagen, egal was und egal ob im Fernsehen oder in ihrem nicht vorhandenen Helm. Sie wartete, dass sich das Shuttle durch die Rauchwolken schob und seinen Weg fortsetzte. Sie wartete, dass Judith etwas sagte.

Ihr war schlecht.

Nach den Worten »ernsthafte Fehlfunktion« hatte sich Ms. Salonga zu ihnen umgedreht, mit einem seltsamen Ausdruck in den Augen, als hätte sie vergessen, dass sie da waren oder was sie selbst hier tat. Dann rannte sie zu dem Fernsehgerät und stellte es mit zitternden Händen ab. Sie wusste nicht, was sie sagen sollte, so viel war klar. Sie stand einfach nur da, vollkommen erstarrt.

In dem Moment rannte Bird weg.

Ihr Notizbuch fiel von ihrem Schoß auf den Boden.

Sie hatte das Gefühl, sie müsste sich übergeben.

In der Toilette beugte sie sich über die Schüssel, aber es kam nichts.

Jetzt richtete sie sich auf und lehnte sich gegen die Wand. Die Toilette hatte keinen Deckel, also konnte sie sich nicht setzen. Aber sie wollte auch nicht zurück in die Aula. Dort war der Fernseher. Dort hatte sich die ernsthafte Fehlfunktion ereignet. Dort stand ihre Lehrerin, ganz durcheinander und verstört.

Alle hatten sie weglaufen sehen, aber keiner hatte sie gesucht.

Das war gut so.

Sie wollte lieber allein sein.

Das war ein Vorteil am Unsichtbarsein.

Als es zur nächsten Stunde läutete, stand sie immer noch da. Sie hatte das Mittagessen verpasst, aber wen kümmerte das schon? Sie war sowieso nicht hungrig. Mädchen rüttelten am Türgriff, sahen ihre Füße und nahmen eine andere Kabine. Bird zwängte sich zwischen Toilette und Wand und entspannte ihre Knie ein bisschen. Sie hörte Mädchen reden und kichern. Wie konnten die überhaupt an etwas anderes denken? Das Shuttle, das Shuttle, das Shuttle. Der Gedanke schwirrte in Endlosschleife durch Birds Kopf. Die vielen Rauchschwaden, die sich vor dem leuchtend blauen Himmel gewunden hatten wie teuflische Finger.

Aber dann sprach doch jemand darüber. Mr. Crowe, der Direktor, machte nämlich eine Durchsage.

Nach der Mittagspause gab er den Schülerinnen und Schülern für den restlichen Tag frei.

»… um den Verlust des *Challenger*-Space-Shuttles zu betrauern«, erklärte Mr. Crowe.

Die Mädchen in der Toilette klatschten und jubelten, was für ein Glück das wäre. Keine Schule mehr heute! Als ob sie in ihrer Tasche einen Zehn-Dollar-Schein gefunden hätten, von dessen Existenz sie nichts geahnt hatten. Sie *freuten* sich.

Bird wurde wieder schlecht. Sie presste die Hände auf die Ohren.

Wie konnten die bloß klatschen? Und sich freuen?

Das war alles verkehrt.

Sie hätten ins Weltall fliegen sollen.

Sie hätten ins Weltall fliegen sollen.

FITCH
Ein ganz anderer Raum

Keiner wäre darauf gekommen, dass sich gerade eine nationale Tragödie ereignet hatte. Die meisten Schülerinnen und Schüler im Siebtklässler-Trakt waren aufgedreht über den unerwarteten freien Nachmittag. Vern bestimmt auch, davon war Fitch überzeugt. Deshalb duckte er sich weg, als er ihn bei den Schließfächern herumlungern sah. Vern ging garantiert davon aus, dass sie wie immer zur Spielhalle in der Main Street pilgern würden. Also musste Fitch warten, bis Vern die Geduld verlor und sich alleine auf den Weg machte. Verns Art kam ihm im Moment unerträglich vor – seine Stimme, sein Gequatsche, seine aufgekratzte Laune. Fitch war kein bisschen aufgekratzt. Er dachte unentwegt nur an Bird.

Vern reckte den Hals, hielt nach ihm Ausschau. Fitch drehte sich zur Wand und verbarg sich halb hinter einer Reihe von Schließfächern. Und auf einmal erblickte er die Schnauze der *Challenger*, als Bild an die Wand geklebt. Er stand vor dem Zimmer von Ms. Salonga. Die Tür war geschlossen und es brannte kein Licht, doch von draußen schien Sonne herein, und durch den Glaseinsatz in der Tür sah er Ms. Salonga an ihrem Tisch sitzen. Sie tat nichts. Sie saß bloß da.

Fitchs Herz stolperte. Er hatte das Gefühl, etwas zu sehen, was er nicht sehen sollte, aber einfach weggehen wollte er auch nicht. Leise klopfte er an die Tür, doch von Ms. Salonga kam keine Reaktion. Er klopfte noch mal. Als sie sich, ohne aufzustehen, zur Tür drehte, schlüpfte er in den Raum, so unauffällig wie möglich, damit die anderen Kids nichts mitbekamen.

Das taten sie auch nicht.

Sie waren viel zu sehr darauf aus, ihre Freiheit zu genießen.

Fitch trat näher und schloss die Tür hinter sich. Er war schon so oft in diesem Klassenzimmer gewesen, aber jetzt kam ihm der Raum ganz anders vor. Keiner saß an den Tischen. Ms. Salonga stand nicht an der Tafel und ließ die Kreide von einer Hand in die andere hüpfen, und sie teilte auch niemanden in Gruppen ein. Stattdessen lächelte sie ihn verhalten an, blieb aber sitzen.

»Hallo, Fitch«, sagte sie. »Brauchst du irgendwas?«

Ihre Augen wirkten müde. Vielleicht hatte sie geweint, aber jetzt nicht mehr. Erwachsenen beim Weinen zuzusehen, kam Fitch irgendwie unnatürlich vor. Er hoffte inständig, dass sie nicht wieder anfangen würde. Was sollte er dann bloß tun?

Er schob die Hände in die Taschen und blieb stehen. Er wusste nicht recht, was er da tat.

Das wusste er nie.

»Nein. Ich hab nur …«, stammelte Fitch. Von draußen drangen Geräusche herein. Jemand lachte laut. In dem stillen Klassenzimmer klang das schrill. »Äh, ich weiß nicht. Ich glaub, ich wollte einfach fragen, ob Sie okay sind?«

Erst jetzt merkte er, dass das stimmte.

Ja, genau deshalb war er hereingekommen.

Er wollte nach seiner Lehrerin schauen.

Was für eine Vorstellung.

»Nein«, sagte Ms. Salonga, »aber ich werde es sein. Mach dir um mich keine Sorgen. Kümmer dich lieber um deine Schwester, okay?«

Fitch nickte.

Auf einmal hatte er einen Kloß im Hals, ohne zu wissen, warum oder woher.

»Okay«, sagte er.

BIRD
Zu Hause

Cash und Fitch warteten am Vordereingang auf sie. Noch ein Beweis dafür, dass der Tag alles andere als normal war. In den vielen Jahren, die sie schon zusammen in die Schule gingen, hatten ihre Brüder nie auf sie gewartet, höchstens dann, wenn ihre Eltern das verlangt hatten. Aber jetzt waren sie da, standen nebeneinander und hielten Ausschau nach ihr.

Sie wirkten kein bisschen so, als würden sie sich über den freien Nachmittag freuen. Oder über sonst irgendwas.

»Tut mir leid, Bird«, sagte Fitch, gleich als er sie sah.

»Ja«, sagte Cash. »Mir auch.«

Sie verfielen alle drei in eine Art Gleichschritt.

Das hatten sie noch nie getan.

Bird hatte allerdings keine Zeit, um nachzudenken, was das bedeutete. Falls es überhaupt etwas bedeutete.

Wie fühlte es sich an, wenn die Maschinen starteten? Hielten sich die Astronauten fest? Spürten sie das Dröhnen in der Brust? Hatte Judith gelächelt? Wie war es, eine »ernsthafte Fehlfunktion« zu erleben?

Maschinen sollten zuverlässig sein.

Maschinen sollten genau das tun, was Menschen ihnen sagten.

Maschinen sollten keine Fehler machen.

Menschen machten Fehler. Maschinen nicht.

Bird blickte im Gehen auf ihre Füße. Ihre Brüder blieben bei ihr, obwohl sie sich nur schleppend bewegte. Sie wollte gern hoch in den Himmel schauen, wollte sehen, ob es dort etwas zu entdecken gab – was auch immer –, aber sie hatte zu viel Angst, also ließ sie es bleiben.

Den ganzen Heimweg über sprachen die drei kein Wort.

Fitch holte den Schlüssel aus dem Briefkasten. Als sie im Haus waren und ihre Jacken aufgehängt hatten, ging Fitch in die Küche und fragte Bird, ob sie ein Sandwich wollte. Als sie nicht antwortete, machte er ihr trotzdem eins. Mit Erdnussbutter und Traubengelee.

Cash stellte den Fernseher an. Dort wurde Filmmaterial von der Explosion gezeigt. Ein Teil von Bird wollte das anschauen – vielleicht war alles ganz anders gewesen? Vielleicht hatte sie das Ganze nur geträumt? –, doch ein anderer Teil von ihr wollte absolut nichts davon wissen.

Eigentlich war es egal. Cash stellte den Apparat wieder aus.

»Ich hab keine Lust auf Fernsehen«, sagte er.

Aber das stimmte nicht.

Cash hatte *immer* Lust auf Fernsehen.

Bird sagte nichts. Ihr Kopf hatte Mühe, diese seltsame neue Welt zu begreifen.

Wären sie und ihre Geschwister eine Maschine, würde sie sofort einen Mechaniker rufen. Die Dinge liefen nicht so wie sonst. Das hieß, die Maschine funktionierte nicht richtig.

Seit wann kümmerten sich ihre Brüder um sie?

Seit wann tat das überhaupt irgendwer?

Mittwoch, 29. Januar 1986

BIRD
Tick, tick, tick

Als Bird den Türklopfer an der Haustür der Logans hochklappte und den Schlüssel herausholte, gab sie sich lässig, als wäre das alles ganz normal. Doch in ihren Ohren rauschte das Blut, und sie spürte ihr Herzklopfen bis hoch in den Hals. Fast rechnete sie damit, dass ein Alarm losschrillen könnte, wenn sie den Schlüssel ins Schloss steckte, aber er ließ sich einfach so umdrehen, und die Tür öffnete sich ohne Probleme. Bird betrat einfach so das Haus.

Bei Dani Logan zu Hause ging alles einfach so und ohne Probleme.

Es war neun Uhr morgens, niemand war zu Hause. Die Logans mussten bei der Arbeit sein, und Dani war zur Schule gegangen. Bird nicht. Gestern hatte sie sich den ganzen Nachmittag, den Abend und die Nacht über in ihrem Zimmer verkrochen, wobei sie nicht recht wusste, wie sie diese Zeit eigentlich verbracht hatte. Nur fürs Abendessen war sie kurz nach draußen gekommen und hatte ein paar pflichtschuldige Worte mit ihren Eltern gewechselt – dann aßen wie immer alle in ihrer eigenen Ecke. Sonst hatte sie einfach nur im Bett gelegen, im Schlafanzug und eng zusammengerollt. Im Fernsehen liefen unentwegt Filmaufnahmen von der Katastrophe, dazu Kommentare von Experten und Stellungnahmen von Politikern. Bird hörte die gedämpften Geräusche durch die Tür. Einmal ging sie in die Küche, um sich ein Glas Wasser zu holen, und schnappte ein paar Worte ihres Vaters auf, mitten aus dem Satz: »… Lehrer sind eben keine richtigen Astronauten, also ist es Unsinn, dass die NASA …«

Sie dachte an Ms. Salonga.

Den Rest des Satzes wartete sie nicht mehr ab.

Am Morgen – nicht lange, bevor sie sich hier auf der Türschwelle der Logans wiederfand – hatte sie ihren Eltern erklärt, es ginge ihr nicht gut, und hatte daraufhin gleich zu Hause bleiben dürfen. Für Bird war es kein Problem, ihre Eltern zu so etwas zu bringen. Bei ihr lief immer alles rund, warum sollten sie sich also Gedanken machen?

Im Haus der Logans zog sie die Schuhe aus und stellte sie beiseite. Schließlich gab es Regeln hier. Sie hatte kalte Füße. Im Stehen rieb sie einen Sockenfuß mit dem anderen.

»Ich bin zu Hause!«, rief sie, auch wenn sie wusste, dass niemand da war.

Es hatte über eine Stunde gedauert, bis zu Danis Haus zu laufen. Birds Nase war rot und ihre Hände trotz der Handschuhe kalt. Sie ließ den Haustürschlüssel in die Tasche gleiten und zog ihre Wintersachen aus. Die Logans hatten im Flur einen eigenen Schrank nur für Jacken und Mäntel. Dort hingen sie brav und ordentlich. Bird hängte ihre auch dazu.

Drinnen im Haus war es warm.

Bird tat einen Schritt vorwärts, dann noch einen. Bald war sie im Wohnzimmer angekommen. Sie betrachtete den Couchtisch, wo sie und Dani das Knabberzeug und ihre Limonade abgestellt hatten. Danach ging sie in die Küche. Öffnete den Kühlschrank. Nahm ein Sunkist heraus. Beim Aufmachen der Dose zischte die Kohlensäure und füllte die Leere. Sie lehnte sich gegen einen Küchenschrank und trank einen großen Schluck. Dann stellte sie die Dose auf einen Untersetzer.

Auch die Logans hatten eine Kücheninsel, aber sie war ganz anders als die bei Bird zu Hause. Bei den Logans war sie aus Marmor und blank poliert. Das Haus hatte zwei Stockwerke statt nur eines. Eine Treppe aus Eichenholz führte in die obere Etage. Auf den Stufen nach unten in den Keller lag Teppichboden. Es gab so viel Platz hier. Platz zum Atmen, zum Bewegen, zum Leben.

Bird beugte sich über die blitzblanke Kücheninsel

und nahm die beiden leeren Barhocker auf der anderen Seite in den Blick.

»Gestern ist es nicht so gelaufen wie gedacht«, sagte sie.

Irgendwo tickte eine Uhr.

Das war Bird bis dahin gar nicht aufgefallen.

Noch nie war es irgendwo auf der Erde so still gewesen.

Tick.

Tick.

Tick.

Sie richtete sich auf und ging nach nebenan ins Esszimmer.

Dort setzte sie sich auf denselben Stuhl wie letztes Mal.

Tick.

Tick.

Tick.

Wie lange sie dort saß, hätte sie nicht sagen können. Aber sie musste still dagesessen haben – vollkommen still, anders wäre es nicht passiert –, denn auf einmal huschte etwas am Rand ihres Gesichtsfeldes. Sie wusste sofort, was es war. Den Kopf bewegte sie nicht, nur die Augen.

Ja.

Chekov.

Der Kater war schlank. Sein Fell war ganz glatt und größtenteils schwarz, aber sein Bauch leuchtete weiß, genau wie die Schwanzspitze, die träge hinter ihm durch die Luft schwang. Seine Schritte waren vorsichtig, immer eine Pfote vor der anderen. Bird hatte Angst, sich zu bewegen. Sie wollte ihn nicht vertreiben.

Er hielt inne, als er sie sah. Blieb still stehen.

Bird drehte den Kopf, langsam, ganz langsam.

Chekov machte einen Schritt vorwärts. Und dann noch einen.

Er miaute.

»Das ist okay«, flüsterte Bird.

Er schien es zu verstehen und kam rasch näher. Rieb den Kopf an ihren Schienbeinen. Schlängelte sich zwischen ihnen durch.

Als er noch einmal miaute und seine Pfoten auf die Stuhlkante stellte, nutzte Bird die Gelegenheit und nahm ihn hoch. Das machte ihm nichts aus. Er schnüffelte an ihr und schnurrte.

Sie kraulte ihm den Rücken.

Vergrub ihre Nase in seinem Fell.

»Sie haben es nicht geschafft«, sagte sie.

Irgendwann schlief Bird auf dem Sofa ein, und als sie wieder aufwachte, war Chekov verschwunden. Einen Moment lang wusste sie nicht, wo sie war. Sie atmete den frischen Duft der Sofakissen ein. Sie betrachtete die saubere weiße Decke über sich. Sie drehte sich zum Kaminsims, wo eine Uhr unbeirrt vor sich hin tickte.

Dann fiel ihr alles wieder ein.

Es war schon nach zwölf. Sie hatte lange geschlafen, ihr tat alles weh.

Gähnend setzte sie sich auf und streckte sich.

Sie rief nach Chekov, doch er kam nicht.

Sie trank das Sunkist aus und tat die Dose gewissenhaft in den Mülleimer.

Dann schaltete sie den Fernseher an. Dort lief gerade *Zeit der Sehnsucht,* und sie musste an ihre Mutter denken.

Sie hätte gern gewusst, ob Mrs. Logan auch Soaps anschaute.

Wenn sie doch nur für immer hier auf diesem Sofa liegen bleiben könnte.

Wenn die Logans doch nur heimkommen und es ganz normal finden würden, dass sie hier war. Wenn sie einfach sagen würden: *Wir zeigen dir dein Zimmer.* Dann würden sie gemeinsam Abendessen machen, zusammen um den Tisch sitzen und auf ihre guten Ideen anstoßen, egal auf welche. Und nachdem alle ihre Gläser abgestellt hätten, würde sie fragen: »Ist es okay, um Leute zu weinen, die du gar nicht kennst?« Und die Eltern würden sie trösten. Sie würden ihr zuhören, wirklich zuhören, würden auf jedes Wort achten, das sie sagte. Sie würden rechts und links neben ihr sitzen, und es ginge um Bird, nicht um sie. Es gäbe keine lauten Stimmen. Keine überhörten Fragen. Nur Übereinkünfte.

Wenn sie doch nur zu einer anderen Familie gehören würde.

Zu *dieser* Familie.
Das war kein schöner Gedanke.
Aber er war eben da.

BIRD
Abends

Bird: Tut mir leid.
Bird:
Bird:
Bird:
Bird:
Bird:
Bird:
Bird:
Bird:
Bird:

Donnerstag, 30. Januar 1986

FITCH

Erste Stunde

Fitch stellte sich seine Familie nie als eine Maschine vor. Sein Gehirn war anders gebaut als das von Bird. Wenn er an seine Familie dachte, kamen ihm Töne und Geräusche in den Sinn. Das Geschrei seiner Eltern. Die Musik aus seinem Ghettoblaster. Basketball im Fernsehen und das Johlen und Brüllen seines Bruders und seines Vaters über etwas, das ihm egal war, über eine Sportart, die er nicht verstand. Und seine Mutter, die Enttäuschung in ihrer Stimme, ihr Seufzen und ihr Schnauben.

Aber nie dachte er an Bird.

Nicht so richtig.

Bis jetzt jedenfalls nicht.

Sie war heute wieder zu Hause geblieben. Auch Ms. Salonga war einen vollen Tag weg gewesen, aber danach machte sie einfach weiter. Bird dagegen hatte gemurmelt, sie würde sich immer noch nicht gut fühlen, und ihre Eltern hatten sie nicht gedrängt.

Fitch war vorher nie aufgefallen, wie sich jedes Geräusch im Haus auf alle anderen Geräusche auswirkte, was auch für Birds Stille galt. Schon im Normalfall hörte man sie kaum, doch jetzt war ihr Stillschweigen das Lauteste in der Familie. Gestern Abend hatte er an ihre Tür geklopft, um zu hören, ob mit ihr alles okay wäre. Irgendwann hatte Cash sie wie nebenbei nach neuen Schemazeichnungen gefragt. Da war Fitch aufgefallen, dass sich bis jetzt noch nie jemand in der Familie für Birds Zeichnungen interessiert hatte. Sie war, ohne zu antworten, zurück in ihr Zimmer gegangen; Fitch war sich nicht mal sicher, ob sie die Frage überhaupt gehört hatte.

All das ging Fitch durch den Kopf, als Ms. Salonga mit dem Unterricht begann.

Sie wirkte immer noch müde.

Nach dem zweiten Läuten stellte sie sich vor ihren Tisch und lehnte sich zurück. Sie sah zugleich alle und keinen in der Klasse an. Sie führte die Hände zusammen, legte sie ans Kinn und ließ sie wieder fallen.

»Hört zu«, begann sie. »Ich will mit euch über das sprechen, was am Dienstag passiert ist. Einen ganzen Monat lang haben wir uns auf diesen Start vorbereitet und … na ja, es ist eindeutig nicht so gelaufen wie geplant.« Sie atmete ein. »Wie ihr wisst, hat mir die *Challenger* viel bedeutet. Vielen von euch auch, das ist mir klar, selbst wenn manche das nicht zugeben würden. Hier im Klassenzimmer gibt es also einige, die mit ihren Gefühlen zu kämpfen haben, da bin ich mir sicher. Bei mir jedenfalls ist es so. Ich bin traurig und durcheinander. Ich will wissen, was schiefgelaufen ist und warum. Vor allem denke ich an die Astronauten. An die Chancen, die sie gehabt haben und jetzt verpassen werden, Chancen, die auch uns verloren gehen. Es gibt viele im Land, die wütend sind und glauben, das war es nicht wert. Sie finden, wir sollten das Raumfahrtprogramm beenden, bevor es noch mehr Leben und noch mehr Geld kostet. Auch das stimmt mich besorgt.« Sie machte eine Pause. »Letzte Woche habe ich euch die Aufgabe gegeben, fünf Gründe zu finden, warum die Erforschung des Weltraums wichtig ist. Manche von euch haben mit dieser Aufgabe gekämpft. Viele haben gesagt, ihnen fiele kein einziger Grund ein. Sie haben gefragt, an diesem Tag und auch an anderen: *Wozu soll das gut sein, Ms. Salonga? Wir sind nur dieser eine kleine Planet in diesem riesigen Universum. Wie sollen wir da auch nur die geringste Chance haben herauszufinden, was da draußen ist? Das ist zu groß, zu gewaltig.* Ich habe eine Antwort für euch –«

CASH
Zweite Stunde

»– und die ist recht einfach. Es gibt nur einen Weg, um herauszufinden, was da draußen ist: Indem wir auch da draußen sind. Ja, wir sind klein. Ja, es gibt vieles, was wir vielleicht nie verstehen werden. Aber klein zu sein bedeutet nicht, unwichtig zu sein. Verwechselt Größe niemals mit Stärke.«

Ms. Salonga lief vor dem Pult hin und her, als würden ihre Gedanken in der Luft herumschweben und sie müsste sie einfangen.

Ein paar aus der Klasse verdrehten die Augen und waren genervt, sich einen Vortrag anhören zu müssen; sie versuchten, lässig zu sein, und taten, als wäre ihnen alles egal. Aber Cash war es nicht egal. Im Gegenteil, es war ihm in diesem Moment sehr wichtig.

Seit Dienstag hatte sich zu Hause viel verändert. Etwas entschieden Ungutes hing über der Familie Nelson Thomas. Die Stimmung war bei ihnen ja ehrlich gesagt immer ungut, aber nicht auf diese Art. Zuerst hatte Cash gedacht, das wäre überall so, die Tragödie hätte so was wie eine Decke der Melancholie über ganz Amerika gelegt. Aber diese unwirkliche Stimmung herrschte eben doch nicht überall. In den Gängen des Schulgebäudes hatte sich nicht viel verändert. Brant und Kenny waren wie immer. Alle schienen einfach weiterzumachen wie bisher.

Gestern Abend, als er Dr. J angestarrt und sich gefragt hatte, ob der die Explosion des Shuttles auch gesehen hatte und was er wohl darüber dachte, war Cash auf einmal klar geworden, dass der Ton im Haus von Bird abhing. Nicht, weil sie das wollte. Es ergab sich einfach so. Bird war die ausgeglichenste Person in der Familie, stabil wie ein Fels. Sie flippte nicht aus wie Fitch. Sie schrie und zankte nicht wie ihre Eltern. Sie brach sich nicht die Knochen und war keine Schulversagerin. Sie war einfach Bird.

Cash dachte an den Abend, als sie ihm gesagt hatte, wie viele Tage es noch dauern würde bis zum Schuljahresende.

Er erinnerte sich, wie sie nach seinem Unfall angeboten hatte, ihm die Hausaufgaben mitzubringen.

Er dachte daran, wie sie mit in den Röntgenraum gekommen war und eine Million Fragen gestellt hatte.

Und noch mehr Dinge fielen ihm ein.

Zum Beispiel ihre Schemazeichnungen, von denen er nichts verstand. Und wie sie versucht hatte, mit ihm über das Weltall zu reden, was aber nicht geklappt hatte, weil er ja von Mumion eingefroren worden war.

Er fragte sich, was sie in diesem Moment wohl tat.

»Wusstet ihr, dass sich ein ganzer Strand verändern kann, wenn auch nur ein einziges Sandkorn fehlt? Nur *ein* kleines Sandkorn. Die Erde ist etwas unfassbar Winziges im Vergleich zum gesamten Universum, das mag sein, aber das macht sie nicht mehr oder weniger einflussreich als die Sonne oder den Mond.« Ms. Salonga war jetzt wieder an ihrem Tisch. Sie lehnte sich gegen die Ecke. »Wenn der Sand bewegungslos liegen bleibt, verändert er sich auch nie. Alle von uns sollten an jedem einzelnen Tag danach streben, anders und besser zu werden. Bessere Forscher. Bessere Lehrerinnen und bessere Schüler. Bessere Menschen. Einfach besser zu *sein.*« Sie hielt inne. Cash hatte das Gefühl, sie würde ihn direkt ansehen, aber vielleicht bildete er sich das nur ein. »Die Astronauten der *Challenger* haben monatelang hart gearbeitet, um die besten Forscher und Entdecker zu werden, die diese Nation zu bieten hat, trotz des Risikos, trotz der Möglichkeit, dass das Schlimmste passieren kann. Wir sind es uns selbst und allen schuldig, der Welt unser Bestes zu geben. Lasst mich einen der klügsten Menschen zitieren, die ich kenne: Das Universum wartet. Worauf warten *wir* da noch?«

FITCH
Bright Star

In der Telefonzelle nach vergessenen Vierteldollarmünzen zu suchen, war für Fitch und Vern zur Routine geworden. Auf dem Weg zur Spielhalle sprintete jedes Mal einer von ihnen zu der schmuddeligen Zelle bei der Tankstelle. Nach einem kurzen Griff ins Münzrückgabefach – in dem nie etwas drin war – setzten sie ihren Weg fort.

Heute war es Fitch, der hinübertrabte.

Heute war es Fitch, der ins Münzfach griff.

Heute fand er einen Vierteldollar.

Seine Fingerspitzen berührten den vertrauten geriffelten Rand.

Seine Ohren hörten das Klappern der Münze.

Es war, als hätte er Gold gefunden.

BIRD
Eine von Milliarden

Bird suchte ihre Schemazeichnungen zusammen. Sie nahm sie in die Arme, dicht an die Brust gepresst, stand vom Schreibtisch auf und ging in die Küche.

Es waren mehr, als sie gedacht hatte. Beim Aufeinanderstapeln hatte sie kurz einen Anflug von Stolz verspürt, ihn aber sofort weggedrückt. Sie schob ihren Stolz unter eine Stahlpresse und stampfte so lange auf ihm herum, bis er plattgemacht war und verschwand.

Die Stahlpresse war nichts anderes als die Realität.

Bird war unscheinbar.

Sie war nur irgendein Mädchen.

Irgendein Mädchen aus Park in Delaware.

Maschinen zu studieren brachte nichts.

Maschinen waren gefährlich.

Sie würde niemals Astronautin werden.

Das wollte sie sowieso nicht mehr.

Astronauten starben nämlich.

Für nichts und wieder nichts – denn was brachte das alles überhaupt?

Sie war bloß ein Mensch unter Milliarden, verloren im Weltall, klein und bedeutungslos.

CASH
Der neue Cash

Läufer mussten sich gesund ernähren. Das galt natürlich für alle Athleten, aber Cash hatte sich schon lange nicht mehr als Athleten gesehen. Heute dagegen war er ein Läufer im Training, also hatte er, als er nach der Schule nach Hause kam und außer Bird keiner da war, in der Küche zwei Orangen und eine Banane vor sich gelegt und zu essen begonnen. Kein Junkfood mehr. Das war der Start in ein neues Leben. Das Leben eines Läufers. Schon jetzt konnte er den Wind in seinem Gesicht spüren. Er war so versunken in diese Vorstellung, dass er sich am Ende kaum erinnerte, das Obst wirklich gegessen zu haben, aber auf einmal hatte er einen vollen Bauch und vor ihm lag ein Haufen Schalen. Mit der Gipshand waren die Orangen schwer zu schälen gewesen, aber er hatte durchgehalten. Genau das tat der neue Cash nämlich – er hielt durch.

Jetzt versuchte er, die Obstschalen alle auf einmal mit einer Hand zum Mülleimer zu tragen, aber ein paar widerspenstige Orangenschalen fielen herunter. Fluchend hob er den Mülleimerdeckel und warf hinein, was er noch in der Hand hatte.

Er merkte sofort, dass etwas nicht stimmte.

Im Abfall lag ein Haufen Papier.

Schon bevor er die Obstschalen beiseitegeschoben hatte, wusste er, was das war. Er erkannte Birds Handschrift, sah die Bleistiftlinien und die Pfeile, die Details markierten. Vorsichtig klaubte er eine Schale nach der anderen heraus – eine seltsame Umkehr – und hielt bald wieder alle in der Hand.

Bird hatte nicht nur eine einzelne Zeichnung weggeworfen.

Sondern gleich einen ganzen *Haufen*.

Normalerweise hätte Cash wirklich keine Lust gehabt, im Müll herumzuwühlen, aber heute überlegte er nicht lange. Er warf die Obstschalen ins Spülbecken – darum konnte er sich später noch kümmern – und holte die Schemazeichnungen aus dem Abfall. Manche waren an den Rändern feucht geworden, andere waren mit Kaffeekrümeln übersät. Aber die meisten schienen okay zu sein. Vielleicht hatten sie noch nicht lange hier dringelegen. Er klemmte sich die Blätter in die linke Armbeuge, so gut es eben ging, dann lief er den Flur entlang und klopfte an Birds Zimmertür.

»Was denn?«, sagte sie, was mehr nach Fitch klang als nach ihr selbst.

Die Tür aufzukriegen, ohne die Zeichnungen fallen zu lassen, war ein echtes Kunststück, aber Cash schaffte es.

Bird hockte auf dem Boden. In ihrem Schoß lag Dads alter Walkman. Die Kopfhörerkabel hingen ihr um den Hals. Ob eine Kassette eingelegt war, konnte er nicht erkennen.

»Ich hab die hier im Müll gefunden«, sagte Cash.

»Na und?«

»Warum wirfst du sie weg?«

»Warum nicht?«

»Das war doch so viel Arbeit.«

»Weiß ich selbst. Ich hab sie schließlich gemacht.«

In dem Moment tat Cashs Herz etwas Seltsames. Es wuchs und drückte von innen gegen seine Rippen, wie ein Ballon, der sich mit Wasser füllt.

»Was ist los mit dir?«, fragte Cash.

»Nichts«, sagte Bird. »Ich bin bloß fertig mit dem dummen Zeug. Ist doch Zeitverschwendung.«

Cash überlegte. »Ist das wegen der *Challenger*?«

»Kann dir egal sein.« Bird wendete sich dem Walkman zu.

»Ms. Salonga hat heute darüber gesprochen. Sie hat uns lange erklärt, dass wir immer unser Bestes geben sollen, das hätten die Astronauten nämlich auch gemacht …«

»Hat ihnen echt viel genützt, was?«

»… und dann hat sie noch was wirklich Cooles über Sand gesagt. So was wie dass wir alle Sandkörner sind, und auch wenn die Erde klein ist, heißt das nicht, dass wir schwach wären oder unwichtig oder so.«

»Wow«, sagte Bird tonlos. »Faszinierend.«

Cash seufzte. »Ich kann das nicht richtig erklären.«

»Ist doch egal«, sagte Bird. »Ich will meine Zeichnungen nicht mehr, tu sie einfach zurück in den Müll.«

Sie wartete seine Antwort nicht ab, sondern setzte den Kopfhörer auf und drehte sich weg.

BIRD
Die vorhersehbarste Maschine von allen

Bird war neugierig auf Ms. Salongas Rede, auch wenn sie sich dagegen sträubte. Was hatte die Lehrerin gesagt? Hatte sie Judith Resnik erwähnt? Wie *genau* hatte sie sich ausgedrückt?

Aber auch ihre Neugier schob sie unter die Stahlpresse. Hauptsächlich fragte sie sich, ob Ms. Salonga fand, jetzt sollte Schluss sein mit der Erforschung des Weltalls.

Nein. Das war unmöglich.

Na ja, vielleicht unmöglich für Ms. Salonga, aber nicht für Bird.

Bird war jetzt in der Realität angekommen, und dort zählte das meiste nicht viel. Judith Resnik und die anderen Astronauten hatten es nicht ins Weltall geschafft, sie waren weg für immer. Die NASA hatte alle diese Maschinen entworfen, konstruiert und geprüft, doch die Maschinen hatten versagt, hatten sie verraten.

Bird brachte den ganzen Tag damit zu, dieses neue Glaubenssystem auszuformen und zu festigen. Bis es Montag würde, wäre sie ein anderer Mensch. Sie würde sich nicht mehr mit irgendwelchen albernen Zeichnungen beschäftigen oder sich einreden, sie könnte der erste weibliche Shuttle-Kommandant werden. Stattdessen würde sie ihre Energie für Dinge verwenden, die wirklich zählten. Vielleicht sollte sie sich die Augenlider blau schminken wie die Jessicas und herausfinden, was eigentlich ihre Rolle in der Welt war.

In der Naturwissenschaftsstunde sagte sie kein Wort, weder zu Devonte noch zu Ms. Salonga und auch nicht zu Dani. Sie beantwortete nicht mal Danis Frage, ob sie okay wäre. Einerseits lag das an ihrem vagen Schuldgefühl über das Eindringen ins Haus der Logans – streng genommen war das ja eine Straftat gewesen –, doch sie sagte sich, das sei eben ihr neues Ich, *ein neues Ich für eine neue Realität.* Andererseits wollte sie einfach nicht darüber reden, ob sie okay war oder nicht.

Das war ihr Plan:

Sie würde ihr Gehirn umbauen.

Sie würde ihre Gedanken neu zusammensetzen.

Sie würde es wie Chekov machen und erst herauskommen, wenn sie sich sicher fühlte.

Und wenn sie es dann tat, würde sie eine Welt betreten, die völlig neu war und viel mehr Sicherheit bot als die bisherige.

Die Sicherheit käme daher, dass Bird keine Erwartungen hätte.

Wer nichts erwartet, kann auch nicht enttäuscht werden.

Sie würde nichts von sich selbst erwarten und auch nichts von den anderen.

Und es war vollkommen egal, dass sie nie eine Shuttle-Kommandantin oder sonst irgendwas werden würde, denn das interessierte sowieso keinen.

Dafür brauchte es nur ein bisschen mentales Training, das war alles.

Als sie unter ihrem geistigen Mikroskop die Logik des Konzepts überprüfte, fand sie nicht den geringsten Fehler.

Wenn sie sich gar nicht erst auf den Start gefreut hätte, hätte sie nicht wegrennen und sich auf der Toilette einsperren müssen.

Wenn sie gar nicht erst davon ausging, Astronautin zu werden, war es egal, ob sie es schaffte oder nicht.

Schau dir an, was deine Erwartungen aus dir gemacht haben, sagte sie sich auf dem Heimweg. *Du bist durchs Haus fremder Leute gewandert wie eine Geisteskranke.*

Während sie ihre Winterjacke zu Hause aufhing

und ihren Rucksack in die Ecke warf, dachte sie: *Ich wollte zu einer anderen Familie gehören, aber in Wirklichkeit ist eben das hier meine Familie. Und Familien verändern sich nicht. Familien sind genauso unzuverlässig wie Maschinen.*

Sie ging in ihr Zimmer, hockte sich auf den Boden und dachte: *Eine Familie ist die vorhersehbarste Maschine von allen.*

Cash hatte recht. Oder Ms. Salonga. Wer auch immer.

Wir sind alle nur Sandkörner.

Die geistige Gymnastik hatte Bird erschöpft und in einen tiefen Schlaf versetzt. Sie träumte, sie würde mit Judith an einem Strand sitzen. Judith trug ihren NASA-Overall.

»Gute Nacht, Bird«, sagte Judith lächelnd. Sie hatte Grübchen im Gesicht, genau wie Bird.

»Es ist aber noch nicht dunkel«, antwortete Bird.

»Ich weiß«, sagte Judith.

Sie starrten aufs Wasser, aber da war kein Wasser. Nur Sand, so weit das Auge reichte. Ein schwacher Wind wehte und kitzelte Birds Wangen.

»Bird?«, fragte Judith, obwohl sich ihr Mund nicht bewegte.

Bird antwortete nicht.

»Bird?«, wiederholte Judith.

Bird versuchte den Sand wegzuwischen, aber er kitzelte sie immer weiter.

»Bird?«

Birds Augenlider flatterten. Sie fühlten sich furchtbar schwer an.

»Bird?«

Nein, das war nicht Judith.

Das war Fitch.

Und da war auch kein Sand.

Sondern nur eine Haarsträhne, die ihre Wange berührte.

Bird schlug die Augen auf.

Sie war auf dem Boden eingeschlafen, in den Schulklamotten, und Fitch kniete neben ihr. Sein Gesicht wirkte seltsam weich.

Träumte sie denn noch?

»Essen ist fertig«, sagte Fitch. Er hatte ihre Winterjacke über dem Arm hängen. »Komm schon.«

Träumte sie?

Bird blinzelte und blinzelte und blinzelte.

Sie setzte sich auf. Es fühlte sich an, als ob sie hundert Jahre geschlafen hätte. Der Traum war so real gewesen, sie spürte den Sand immer noch.

Aber nein. Sie war nicht mit Judith an einem Strand.

Sie war zu Hause.

Das gleiche dumme Haus. Der gleiche dumme Tag. Die gleiche dumme Familie.

»Dad hat Pizza bestellt«, sagte Fitch. Er hielt ihr die Jacke hin. Seine hatte er schon an. »Zieh das über.«

Sie schlüpfte in ihre Jacke und folgte ihm gähnend, mit schwerem Kopf und Herz. Sie hatte nicht mal Hunger. Sie wollte keine Pizza, aber die war eben da, stand schon in der Küche.

Mr. Thomas saß kauend im Wohnzimmer und sah sich *Knight Rider* an.

Mrs. Thomas stand an der Kücheninsel, nahm ab und zu einen Bissen Salat und las dabei.

Keiner der beiden schaute auf.

Cash stand zwischen dem Tisch und den Glasschiebetüren. Auch er hatte seine Jacke an, unter dem einen Arm klemmte eine Rolle Küchentücher, unter dem anderen eine Heftmappe.

Fitch klappte den Pizzakarton zu und nahm ihn hoch.

»Was läuft hier?«, fragte Bird. Ihre Schultern schmerzten vom Schlafen auf dem harten Boden.

»Wir essen hinten im Garten«, sagte Fitch zu Bird, und dann gleich noch mal lauter zu ihren Eltern. Cash schob die Türen auf.

Kälte drang ins warme Haus.

»Warum?«, fragte Mrs. Thomas.

»Einfach so«, antwortete Cash.

Bird folgte ihren Brüdern nach draußen und schloss die Schiebetür hinter sich.

BIRD, FITCH & CASH
Heute nicht

Cash: Und wie geht das jetzt?
Fitch: Wie geht was?
Cash: Zusammen essen.
Fitch: Keine Ahnung. Bird ist die Expertin.
Bird: Dazu fehlt irgendwie der Tisch. Wir sitzen auf einer Decke draußen in der Kälte.
Cash: Denk's dir eben als einen Tisch aus Gras.
Fitch: Willst du nichts essen, Bird?
Bird: Weiß nicht. Ich hab keinen Hunger … Was ist in der schwarzen Mappe da?
Cash: Der hier? Oh. Hier, nimm sie. Ich will keine Fettflecken auf den Umschlag machen.
Bird: …
Cash: Wie findest du es?
Bird: Warum habt ihr das gemacht?
Cash: Ich konnte die einfach nicht wieder in den Müll tun. Das hat sich falsch angefühlt. Manche sind schmutzig geworden, aber die meisten sind okay. Bisschen zerknittert vielleicht, aber – du willst sie doch behalten, oder?
Bird: Kann sein.
Fitch: Kann sein?
Bird: Na ja. Ich fand eben, Shuttle-Kommandantin werden zu wollen, ist eine ziemlich blöde Idee.
Cash: Wieso denkst du das? Wegen dem, was

passiert ist? Du darfst dir keine Angst machen lassen.

Bird: Ich hab keine Angst. Es wirkt nur alles so sinnlos. Ich meine, keine Ahnung. Ich bin bloß ein Mädchen aus Park, Delaware.

Cash: Jeder ist irgendwoher.

Fitch: Judith Resnik kommt aus Akron in Ohio. Das ist kein großer, toller Ort. Glaub ich jedenfalls.

Bird: Wieso weißt du, wo Judith Resnik herkommt?

Fitch: Aus den Nachrichten oder so. Ich hab's wohl irgendwo aufgeschnappt und mir gemerkt.

Bird: Warum macht ihr zwei das alles überhaupt? Meine Zeichnungen in eine Mappe legen und ein Winterpicknick veranstalten – das ist … keine Ahnung. Habt ihr Mitleid mit mir, oder was?

Fitch: Du redest doch immer davon, dass wir zusammen essen sollen, also haben wir uns gedacht: *Okay, dann machen wir das mal.*

Bird: Ich rede gar nicht *immer* davon. Und irgendein Essen aus Mitleid will ich schon gar nicht.

Cash: So hat er das nicht gemeint.

Fitch: Isst du denn nichts, Bird?

Bird: Außerdem ist es sowieso kein richtiges Familienessen. Die halbe Familie sitzt drinnen.

Cash: Das ist das Beste an dem Tisch aus Gras, egal wie kalt.

Fitch: Die würden bloß alles kaputt machen.

Cash: Vielleicht können wir sie irgend wann mal dazu einladen.
Fitch: Aber nicht heute.
Cash: Nicht heute.
Bird: Nicht heute.

Samstag, 1. Februar 1986

FITCH

Magisch

Fitch hatte einen Vierteldollar und eine neue Perspektive gefunden. Die Welt unter seinen Füßen hatte sich gedreht, auch wenn er nicht recht wusste, wie oder wann. Die Bolzen waren immer noch angezogen, aber irgendwie konnte er sich mit ihnen bewegen, sie nach und nach lockern. Er betrat die Spielhalle auf der Main Street mit dem Vorsatz, seine ganze positive Energie auf den Sieg über das Vaxxianische Reich zu richten. Und er hatte Glück: Die Spielhalle war so gut wie leer.

Der Vierteldollar sah geradezu magisch aus. Glänzend und neu. Er war erst 1985 geprägt worden. Fitch drehte die Münze in der Hand und betrachtete sie einen Moment lang, ehe er sich vorbeugte, um sie in den Schlitz zu stecken. In diesem Moment erblickte Fitch ein vertrautes Gesicht. Marsh. Er saß neben Pop-A-Shot, dem Ballwurf-Spiel. Es lief aber nicht, alle Bälle lagen im Gestell. Marsh hatte ein Jo-Jo dabei, mit dem er nicht umgehen konnte. Fitch sah zu, wie er es nach unten fallen ließ, mit der Hand wieder aufrollte, es fallen ließ und noch mal aufrollte. Nach ein paar vergeblichen Versuchen schob er die Brille hoch, setzte sich hin und ließ das Jo-Jo geistesabwesend von einer kleinen Hand in die andere wandern.

Du kriegst da drüben keinen einzigen Ball rein und glaubst, du kannst das hier *spielen? Das ist nicht dein Ernst, Marsha.*

Als Fitch sich erinnerte, was er gesagt hatte, schien ihn der Nebel wieder einzuhüllen.

Aber er wollte sich nicht so fühlen. So schwer und so eng.

Er dachte: *Spiel einfach dein Spiel. Wer interessiert sich schon für so einen dämlichen kleinen Jungen? Ist doch sein Problem, wenn er nicht damit fertigwird. Auf mich wartet das Vaxxianische Reich.*

Doch seine Füße hörten ihm nicht zu. Sie machten einen Schritt nach dem anderen.

Marsh blickte auf, als Fitch näher kam. Seine Brille war schon wieder halb heruntergerutscht.

Fitch zeigte ihm die Vierteldollarmünze.

»Hast du schon mal Flipper gespielt?«, fragte er.

Birds Essay

Eines Tages werde ich der erste weibliche Shuttle-Kommandant der NASA sein. Der *Challenger*-Start wird für mich die erste echte Erfahrung als Astronautin.

Natürlich bin ich keine Astronautin. Noch nicht. Aber ich habe im Unterricht immer ganz genau zugehört, und wahrscheinlich gibt es auf der ganzen Welt niemanden, der so aufgeregt ist über den Start wie ich. Höchstens Christa McAuliffe, Judith Resnik, Dick Scobee, Ronald McNair, Ellison Onizuka, Gregory Jarvis und Michael J. Smith. (Ja, ich weiß alle ihre Namen auswendig!) Ich kann selbst leider nicht mit ihnen ins Weltall reisen und den Halleyschen Kometen erforschen, aber ihnen zuzujubeln, wenn sie sich auf den Weg machen, das ist das Mindeste, was ich tun kann. Ich will nichts davon verpassen, nicht mal das kleinste Detail.

Manchmal schaue ich hoch in den Himmel und sehe alle diese Sterne, und mein Gehirn überschlägt sich fast. Da oben gibt es so viel zu entdecken. Wer kann schon wissen, was in diesem großen, weiten Raum passiert? Vielleicht gibt es am anderen Ende der Milchstraße jemanden, der genau wie ich hoch in den Himmel schaut. Vielleicht sieht diese Person ein Pünktchen am Himmel, und dieses Pünktchen ist die Erde, und wenn sich die Person dann etwas wünscht, bin *ich* ihr Glücksbringer.

Die Antwort können wir nur draußen im All finden. Vielleicht wird sie uns Angst machen. Vielleicht finden wir gar nichts. Ich weiß auch, dass das viel Geld kostet, aber das ist es wert. Wir können uns nicht auf das beschränken, was leicht geht, sonst würden wir nie etwas entdecken.

Wenn ich hoch in den Himmel schaue und diese große Weite sehe, ist es, als wollte das Universum, dass ich komme. Es schickt *mir* ein Astrogramm, und darin steht: *Wir warten auf dich, Bird.*

Könnt ihr euch das vorstellen? Das Universum wartet. Obwohl ich nur ein winziges Sandkörnchen bin, wartet es auf *mich*.

Ich bin bereit.

Über das Challenger-Unglück

Am 28. Januar 1986 brach das *Challenger*-Space-Shuttle über dem Atlantik auseinander. Schuld an der Fehlfunktion war der Ausfall eines oder mehrerer Dichtungsringe an einer der Feststoffraketen, die als Booster beim Start dienten. Diese O-Ringe sollten verhindern, dass Verbrennungsgas austrat, doch wegen des kalten Wetters beim Start funktionierten sie nicht ordnungsgemäß. Während das Shuttle in die Höhe stieg, strömten Abgase aus dem entstandenen Leck, und der äußere Treibstofftank platzte. Dreiundsiebzig Sekunden nach dem Start explodierte die *Challenger*.

An diesem Tag beobachteten nicht sehr viele Menschen den Start. Die meisten Erwachsenen waren bei der Arbeit, es gab noch keine sozialen Medien, auch Kabelfernsehen war noch etwas Neues. Eine unglückliche Ausnahme gab es allerdings: die amerikanische Schülerschaft. In vielen Schulen hatte die NASA extra Satellitenübertragungen auf Fernsehgeräte organisiert, damit die Schülerinnen und Schüler mitverfolgen könnten, wie Christa McAuliffe zur ersten Lehrerin im Weltraum wurde.

Christa McAuliffe, eine Sozialkundelehrerin aus Concord, New Hampshire, war aus über 11 000 Bewerbern und Bewerberinnen ausgewählt worden. Sie gehörte zu den sieben Menschen auf der *Challenger*, die an diesem Tag starben. Die anderen Crew-Mitglieder waren Shuttle-Kommandant Francis R. Scobee, ein früherer Kampfpilot, der sich schon als Kind für Modellflugzeuge begeistert hatte; Pilot Michael J. Smith, der noch nicht im Weltall gewesen war, aber schon vor dem Start sagte, dass er wieder hinwollte; Missionsspezialist Ronald McNair, ein Physiker, der gerne Saxofon spielte; Missionsspezialist Ellison Onizuka, der Eagle Scout war, also den höchsten Rang bei den amerikanischen Pfadfindern innehatte, und dem es Spaß machte, Macadamia-Nüsse aus seinem Heimatstaat Hawaii mit Leuten zu teilen; Nutzlastspezialist Gregory Jarvis, ein Elektrotechniker, der schon zweimal für einen Weltraumflug vorgesehen gewesen war, aber immer kurzfristig aus der Crew genommen wurde und jetzt wie Smith seinem ersten Einsatz entgegenfieberte; und natürlich Missionsspezialistin Judith Resnik.

Als kleines Mädchen hatte Judith Resnik eine enge Beziehung zu ihrem Vater, der ihr beibrachte, Elektrogeräte zu reparieren und einfache Maschinen zu bauen. Judith Resnik war schon als Kind sehr intelligent und leistungsstark, zugleich aber auch ein ganz normales Mädchen. Sie hatte zwei gute Freundinnen, Barbara und Pam. Sie kämpfte ständig mit ihren lockigen Haaren und hatte alle Nancy-Drew-Bücher gelesen.

In vieler anderer Hinsicht war sie aber untypisch. Als Teenager wurde sie zu einer begabten klassischen Pianistin und glänzte in Mathematik und Naturwissenschaften. Im Jahrbuch der Firestone Highschool in Akron, Ohio, von 1966 gibt es ein Foto des Mathe-Clubs – vierzehn Jungs und Judy. Sie wurde Jahrgangsbeste in ihrer Abschlussklasse und machte ihren Doktor in Elektrotechnik an der University of Maryland.

Judith Resnik zog schon zu Beginn ihrer Laufbahn die Aufmerksamkeit der Medien auf sich, denn sie war eine der ersten Astronautinnen der NASA. Auch wenn sie nicht gerne im Rampenlicht stand, war sie immer liebenswürdig.

In einem Interview im April 1981 fragte sie der Journalist Tom Brokaw: »Was in Ihrem Leben als Astronautin gefällt Ihnen am besten?«

»Alles«, antwortete sie.

Brokaw fragte sie auch, ob es in ihrem Leben Leute gebe – Männer vor allem –, die sich von ihr bedroht fühlten, weil sie als Frau in eine Männerdomäne vorgedrungen war.

»Kann schon sein, aber dann sind es nicht meine Freunde«, sagte sie.

Die *Challenger*-Mission wäre Judith Resniks zweiter Weltraumflug gewesen. Schon am Jungfernflug der *Discovery* am 30. August 1984 hatte sie als Missionsspezialistin teilgenommen. Bald nachdem die *Discovery* ihre Umlaufbahn erreicht hatte, kam ihre Stimme durch den Shuttle-Funk.

»Die Erde sieht großartig aus«, sagte sie.

Außerdem hielt sie einen handgeschriebenen Zettel in die bordeigene Videokamera.

Darauf stand: »Hallo, Dad.«

Im Jahr 1999 wurde Eileen Collins, die an der Stanford University studiert hatte und vorher Air-Force-Pilotin im Rang eines Colonels gewesen war, die erste Shuttle-Kommandantin der NASA. So wie Bird wusste Eileen Collins schon in jungen Jahren, dass sie Astronautin werden wollte, aber sie sagte es niemandem, weil das unmöglich schien. Zu dieser Zeit ließ die NASA keine Frauen in ihrem Programm zu. Doch dass Eileen ihren Traum geheim hielt, bedeutete nicht, dass sie aufgab. Sie ging zur Air Force und absolvierte als eine der ersten Frauen die Pilotenausbildung. Unter den 450 Piloten auf dem Stützpunkt waren nur vier Frauen.

1991 wurde Eileen Collins Astronautin. Sie machte bei insgesamt vier Weltraumflügen mit, teils als Pilotin, teils als Kommandantin, bevor sie sich 2006 aus dem aktiven Dienst zurückzog.

In einem *Time*-Interview sagte Collins: »Ich rate allen, sich große Ziele zu setzen, auch wenn sie vielleicht zu anspruchsvoll wirken und wenn die Gefahr besteht zu scheitern. Nimm dir Aufregendes und Großes vor und sei immer bereit, anderen zu helfen. Nichts fühlt sich besser an, als einem anderen Menschen beizustehen.«

Als Eileen Collins 1999 Shuttle-Kommandantin der *Columbia* wurde, wäre Bird fünfundzwanzig Jahre alt gewesen – und vielleicht gerade dabei, ihren Abschluss in Ingenieurswissenschaften zu machen.

Erin Entrada Kelly wuchs in Louisiana auf und lebt heute in Philadelphia in den USA. Sie studierte an der McNeese State University und am Rosemont College und schreibt Romane für Kinder und Jugendliche. Für ihre Bücher wurde sie vielfach ausgezeichnet. Unter anderem erhielt sie für ihr Kinderbuch »Vier Wünsche ans Universum« den Deutschen Jugendliteraturpreis.

7,–

(TB 14,–)